U0508371

学科素养与英语教学发展研究

吴倩倩 ◎ 著

吉林人民出版社

图书在版编目 (CIP) 数据

学科素养与英语教学发展研究 / 吴倩倩著 . -- 长春：
吉林人民出版社 , 2022.10

ISBN 978-7-206-19644-7

Ⅰ . ①学… Ⅱ . ①吴… Ⅲ . ①英语 – 教学研究 Ⅳ .
① H319.3

中国版本图书馆 CIP 数据核字 (2022) 第 237195 号

学科素养与英语教学发展研究

XUEKE SUYANG YU YINGYU JIAOXUE FAZHAN YANJIU

著　　者：吴倩倩
责任编辑：李　爽　　　　　　　　　封面设计：袁丽静
吉林人民出版社出版 发行（长春市人民大街 7548 号）　邮政编码：130022
印　　刷：石家庄汇展印刷有限公司
开　　本：710mm × 1000mm　　　　　1/16
印　　张：10.75　　　　　　　　　　字　　数：200 千字
标准书号：ISBN 978-7-206-19644-7
版　　次：2022 年 10 月第 1 版　　　印　　次：2023 年 1 月第 1 次印刷
定　　价：68.00 元

如发现印装质量问题，影响阅读，请与印刷厂联系调换。

前言

随着英语课程的改革与发展，英语教师的教学观念在不断更新。过去英语教师的教学重点在于提升学生语言知识和语言技能，而新课程标准的实施，促使英语教师的教学观念转向以学生为中心，培养发展学生的综合能力。但在目前，英语教学课程设置仍然有一些可以改善的地方，教学应突出对学生思维能力、创新能力、文化意识、价值观等综合能力的培养，教师在教学中也应更多地培养学生分析和解决问题的能力。当下，如何真正提高课堂有效性已成为教育改革的热门话题。

英语核心素养的概念对传统教学理念和方法提出了更大挑战，也对广大英语教师提出了更高要求。教师有必要更加关注学生学习能力的发展，进一步提高学生的语言能力，培养学生积极运用英语学习策略的能力，提高学生的英语学习效率，这些都是英语教学的重要目标。

本书旨在促进英语教师专业知识的发展，使教师在现有专业知识和经验基础上，进一步加深对英语语言、语言学习、语言教学及英语教学等相关因素的了解，结合英语教师已有的理论知识、实践知识和个人经验，使英语课堂更加高效。

本书以现行大学英语教材课文为基础，分别对英语学科素养、教学设计、教学活动组织等内容进行阐述，同时结合不同案例进行分析，具有一定的指导性和实践性。鉴于作者水平有限，书中难免存在一些疏漏，敬请各位同行及专家学者予以指正。

目录

第一章　学科素养概述　　　　　　　　　　　　　　　　　　　　　1

第一节　学科素养与核心素养　　　　　　　　　　　　　　　1

第二节　学科素养和教学的关系　　　　　　　　　　　　　　7

第三节　英语学科素养的构成要素　　　　　　　　　　　　　14

第四节　英语学科素养的内容、目标与课程标准设计教学目标　　20

第二章　构建具有学科素养的英语课堂教学　　　　　　　　　　　27

第一节　英语课堂教学现状与问题　　　　　　　　　　　　　27

第二节　优化英语课堂教学的策略　　　　　　　　　　　　　31

第三节　以学生为主体的教学设计　　　　　　　　　　　　　38

第三章　基于阅读素养的英语阅读教学　　　　　　　　　　　　　42

第一节　英语阅读教学的基础理论和现状　　　　　　　　　　42

第二节　认识有效英语阅读教学　　　　　　　　　　　　　　48

第三节　体现阅读素养的阅读教学　　　　　　　　　　　　　56

第四节　基于语篇分析的阅读教学及案例分析　　　　　　　　61

第四章　基于写作素养的英语写作教学　　　　　　　　　　　　　64

第一节　英语写作教学的基础理论和现状　　　　　　　　　　64

第二节　体现写作素养的写作教学　　　　　　　　　　　　　70

第三节　基于读写结合的写作教学案例分析　79

第四节　优化英语写作教学的策略　83

第五章　基于学科素养的英语听说和语法教学　93

第一节　英语听说教学与语法教学的现状　93

第二节　学科素养与听说教学设计　98

第三节　学科素养与语法教学设计　104

第四节　优化听说教学与语法教学策略　108

第六章　学科素养与英语词汇教学　115

第一节　英语词汇教学的理论基础　115

第二节　英语词汇教学的现状与问题　121

第三节　学科素养在词汇教学中的作用　124

第四节　英语词汇教学的策略　130

第七章　英语教师学科素养的培养与提升　138

第一节　英语教师学科素养的内涵及要素　138

第二节　提升英语教师学科素养的重要性　147

第三节　英语教师学科素养现状与问题　155

第四节　培养英语教师学科素养的策略　157

参考文献　165

第一章　学科素养概述

第一节　学科素养与核心素养

一、学科素养

在教学改革的推动下，学科素养的概念已被广泛用于教育教学，在教育文件、课程标准、在有关教育改革发展的论坛及课程研究讨论会中，学科素养已成为一个被频繁使用的词汇和热点的问题。

（一）学科素养研究现状

（1）国外学科素养研究现状。在国外已有研究中，学者对学科素养尚未形成统一的概念界定，不同学者强调的侧重点不同，有的强调学科素养在宏观层面的统领性；有的强调学科素养在具体学科中作为课程目标的呈现；还有的强调学科素养属于一个有机整体。总体说来，目前"学科素养"的概念大都从学科素养的宏观层面进行概括，或在具体的学科中进行描述，未对其外显行为作出具体解释，缺乏对学科素养全面性和系统性地探讨。

①学科素养不是孤立存在的，各种素养相互交叉。在宏观层面，学科素养是一个多方面因素整合的整体；在微观层面，学科素养不断进行更新建构，随着知识、能力和情感内容的不断内化，其将构建成新的学科素养。

②学科素养主要通过学科目标的外在形态来展现。具体学科的学科素养指向本学科的基本内涵与外延，学科目标随着学科素养的更新和构建而发生变化。因此，学科素养与学科目标是内容与形式的关系。

③学科素养具有习得性。学科素养指向知识技能和情感态度，其内涵和外延都有明确的结构形态，从根本上为教师的教育教学活动提供指引。即学

生的学科素养可通过教师的学科教学活动习得，并为后续构建新的学科素养奠定基础。通过学习，学生有能力解决不同情境中的具体问题，这表明学科素养可习得且其表现形式相对稳定。

（2）国内学科素养研究现状。随着课程改革的推进，学科素养在我国基础教育领域已经深入人心，但对学科素养的专门研究仍比较缺乏。关于"素养"的概念，目前尚未有明确的定义，不同学者从不同角度对此概念进行说明，归纳起来主要包含以下两种。

①"学科素养"指某学科的基础知识、基本能力、思维形式和思维方法。其呈现的基本特征为关注学生的兴趣，关注学生对所学知识的灵活展现。对学生学科素养培养的关键在于培养学生的元认知能力，即学生在学科素养的学习中对自己的学习过程的理解与认知。

②关注具体学科的特点，如，探索语文素养、数学素养、科学素养等具体学科的内涵和外延，对学科素养构成要素即学科知识、技能、方法、情感等进行分析。

（二）认识学科素养

通过对国内外关于学科素养研究的分析，本书对学科素养做出如下总结。

谈论学科素养应具体到某一学科，所谈的内容既包含学科专业知识，也包含专业技能和基本经验。

对某学科的素养分析不仅仅局限于对该学科知识、技能和专业的把握，还要强调学科的价值与功能，即从知识、能力、态度、情感等认知和非认知因素来分析学科素养。

学科素养需要通过专业学习及训练，培养学生的学科专业思维，促成基础知识的积累，这种学习呈不间断且螺旋式上升的趋势。

学科素养需要通过学科目标来体现，通过长期不断的学习训练，达成学科基本目标。

学科素养的培养不受教育情境、教育阶段、教育类别的限制。

为了更好地认识学科素养，本书将从以下五方面展开分析。

（1）学科基础知识。学科基础知识包括词语、名称、术语、标记、概念、公式、公理等。例如，语文、英语学科中，对字、词、句的掌握，对句型的运用，对语篇的理解升华，对语言的掌握表达，以及理科常用公式、定理、推断过程等，都属于学科基础知识的范围。学生对这一类知识的学习更多依靠反复练习、及时反馈和合理纠正，从而达到熟练掌握的程度。

（2）学科基本技能。学科基本技能是学生运用所学知识解决问题所要具备的基础技能。例如，学生能够掌握数学中的基本计算；能够推导物理学中的某个定律；能够使用化学方程式解析练习题；英语、语文学科中听、说、读、写、看的能力，这些都属于学科基本技能的范围。

（3）学科基本经验。学科基本经验是指学生在学科学习过程中的经历和体验，是学生在亲自或间接经历了活动过程后而获得的体验。例如，在学习《四季》这一课时，学生在实际生活中已经亲身感知的季节交替变化；在学习《交通工具》这一课时，学生对日常生活中所看到、听到、接触过的交通工具的认识，就是学生对本课即将学习内容的基本经验。此外，学科基本经验还包括学生在学习中的思考探究过程、预测推理过程、总结反思过程等。教学过程中，为帮助学生积累丰富的经验，教师可充分运用周围环境为学生创造学习情境，让学生通过各种活动来积累经验。活动类型可以丰富多样，充分发挥学生动手、动脑、动口能力。

（4）学科基本品质。在学生学习学科知识、培养学科基本技能的过程中，其自身会对学科产生一种主观评价，形成一定的道德认知，这种评价和认知即学科基本品质。教师在教学过程中要结合学科特点给予学生积极引导，明确学科基本道德素质要求，培养学生的道德情感。

（5）生活基本态度。生活基本态度是对生活产生的一种相对稳定的心理反应倾向。学科学习是生活的一部分，学科素养能够从一定程度上反映生活态度，教师要在教学中培养学生积极乐观向上的生活态度，帮助学生提高自身的学科素养。

综上所述，在学科教学中，教师要努力帮助学生掌握学科的基本知识，形成基本技能，积累基本经验，培养基本品质，反映生活态度，从而形成基本的学科素养。

二、核心素养

（一）核心素养的基本概念与内涵

"素养"一般指平日的修养，是一个人的"行为习惯"。通常说每个人都要有素养，它是指沉淀在每个人身上的对人的发展、学习、生活有价值和意义的东西，是一个人在某种特定生活环境下，在成长中形成的习惯与思维方式。素养包括道德品质、知识水平、言谈举止、能力才干等各个方面。

"核心素养"是指那些与个人生活密不可分、具有高度稳定性并可能伴随一生的关键素质。它是一个人不可缺少的素质、能力和精神面貌。核心素养是其他素养发展的基础，是个人终身发展和可持续发展的基础，为人的素养的全面发展提供了持续的动力。

核心素养概念其本质就在于"教育要培养什么样的人"的问题。自经济合作与发展组织（Organization for Economic Co-operation and Development，OECD）1997 年首次提出核心素养理念，各国都在研究和建构核心素养模型。我国于 2014 年首次提出核心素养理念，并于 2017 年 9 月开始推进以核心素养为目标的基础教育课程改革。

2016 年 9 月 13 日，中国学生发展核心素养研究成果发布会在北京师范大学举行，会上公布了中国学生核心素养发展的总体框架和基本内涵。研究报告指出，核心素质是学生在接受相应学校阶段教育的过程中，为满足个人终身发展和社会发展的需要而逐步形成的必备素质和关键能力。它是学生知识、技能、情感、态度、价值观等要求的结合；它注重过程，注重学生在训练过程中的理解，而不是以结果为导向。同时，核心素养具有稳定性、开放性和发展性，是一个终身可持续发展和与时俱进的动态优化过程。它是个人适应未来社会、促进终身学习、实现全面发展的基本保证。

核心素养能够促进个体发展，培养"全面发展的人"是学生发展的核心。它包括三个方面：文化基础、自主发展和社会参与。它综合体现在六个方面：人文底蕴、科学精神、学会学习、健康生活、责任担当和实践创新（图 1-1）。

从内涵上来讲，学生发展核心素养不仅重视能力，还重视品格，两者共同支撑，促进人的发展；从功能上看，我国学生发展核心素养不仅具有个人发展价值，还具有社会发展价值，两者统一，融合互动，相互促进；从整体框架来看，我国学生发展核心素养由文化基础、自主发展、社会参与三个维度支撑建构，反映了个体与自我、社会和文化的关系。它以丰富的意蕴回答了"教育要培养什么样的人"的本质问题。

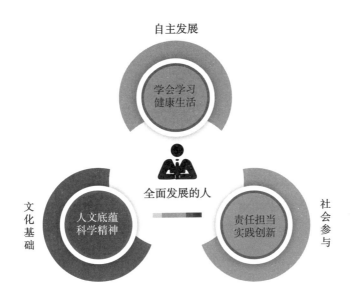

图 1-1　发展核心素养的整体框架示意图

（1）文化基础。文化是人存在的根和魂。文化基础重在强调人能习得人文、科学等领域的知识和技能，掌握和运用人类优秀智慧成果，涵养内在精神，追求真善美的统一，以期发展成为有宽厚文化基础、有更高精神追求的人。

①人文底蕴。人文底蕴主要是学生在学习、理解、运用人文领域知识和技能等方面所形成的基本能力、情感态度和价值取向。具体包括人文积淀、人文情怀和审美情趣等基本要点。

②科学精神。科学精神主要是指学生在学习、理解、运用科学知识和技

能的过程中所形成的价值标准、思维方式和行为表现。具体包括理性思维、批判质疑和勇于探究等基本要点。

（2）自主发展。自主性是指人作为主体的根本属性。自主发展，重在强调人能有效管理自己的学习和生活，认识和发现自我价值，发掘自身潜力，有效应对复杂多变的环境，以期发展成为有明确人生方向、有生活品质的人。

①学会学习。学会学习主要是指学生在学习意识形成、学习方式方法选择、学习进程评估调控等方面的综合表现。具体包括乐学善学、勤于反思等基本要点。

②健康生活。健康生活主要是指学生在认识自我、发展身心、规划人生等方面的综合表现。具体包括珍爱生命、健全人格、自我管理等基本要点。

（3）社会参与。社会性是人的本质属性。社会参与，重在强调处理好自我与社会的关系，养成现代公民所必须遵守和履行的道德准则和行为规范，增强社会责任感，提升创新精神和实践能力，促进个人价值实现，推动社会发展进步，发展成为有理想信念、敢于担当的人。

①责任担当。责任担当主要是指学生在处理与社会、国家、国际等的关系时，所形成的情感态度、价值取向和行为方式。具体包括社会责任、国家认同、国际理解等基本要点。

②实践创新。实践创新主要是指学生在日常活动、问题解决和适应挑战的过程中所形成的实践能力、创新意识和行为表现。具体包括劳动意识、问题解决、技术应用等基本要点。

（二）核心素养制定的基本原则

（1）方向性原则。核心素养是全面发展的具体化。为此，核心素养必须以全面发展为方向，确切地说，人的全面发展的理论是人的核心素养的指导思想。显然，核心素养的建立必定有助于教育工作者在日常教育实践当中切实贯彻党和国家的教育方针，促进学生的全面发展。

（2）时代性原则。核心素养是全面发展的具体化，但核心素养的建立不能是全面发展内涵的简单的逻辑展开，核心素养要体现时代的要求和特点，反映新时期社会对人才的新要求。

（3）国际性原则。从知识本位走向素养本位是全世界教育发展共同的走向。国际性原则包括培养学生国际视野和意识；学习国际先进成果和经验，与世界接轨。

（4）民族性原则。民族性是素养的源泉，一个民族的优秀传统和文化是该民族成员核心素养形成的重要源头。核心素养的培养不仅要注意吸收国际先进经验，与国际教育接轨，还要注意结合我国实际情况，充分发挥我国的历史文化优势。当前，我国的教育工作要体现立德育人的时代要求，培养自觉践行社会主义核心价值观、具有社会责任感、创新精神和实践能力的新一代人。核心价值观是社会凝聚力的精神核心，是一个国家立于世界的精神基石，是一个民族最宝贵的精神家园。当代中国的核心价值观，即中国特色社会主义的核心价值观，充分吸收了中华民族传统文化的精髓和治国理政的历史经验，在凝聚全民力量、引导社会发展方面发挥着重要作用。社会主义核心价值观是当前我国全体公民应坚持的共同理念和追求。它包含着国家、社会和公民的价值规范。我们必须将这些内容有机地融入核心素养的内涵之中。

第二节　学科素养和教学的关系

为顺应时代发展的要求，培养"全面发展的人"，教师的教育理念要从过去的"以知识为本"转变为"以人为本"，推动基于学科素养及核心素养的教学改革；教师要站在学生的立场上思考教育教学，建立大教育观，让以人为本的教育理念贯彻于学校教育教学活动；教师要用以人为本的教育理念指导教学，在学科教学中培养学生的核心素养。

基于学科素养的教学要把握知识本质，创设教学情境；基于学科素养的评价要关注思维品质，注重考查思维过程。为此，教师需要做到以下几方面：建立学科素养目标体系；设计深度学习，让真实学习真正发生；采用大单元备课，提升教学设计的站位；将教材内容进行教学化处理，以实现教学内容的有趣、有用、有意义；探索与新目标匹配的学科典型学习方式；实施教学评一致的教学；科学设计教学活动。

一、建立学科素养目标体系

建立学科素养目标体系要求教师要超越学科知识体系，从教育目的，到学科课程标准，再到课堂教学目标，建立一致性的目标体系。将课程标准进行分解，制定具体化的标准。从宏观指导到微观执行，将学科素养从理论落实到实际，学科素养目标体系如图1-2所示。

社会主义核心价值观　　　　学科核心素养内容标准　　　　学期目标
　　　　　　　　　　　　　　学业质量标准　　　　　　　　　单元或课时目标

图1-2　学科素养目标体系

建立学科素养目标体系关键是要将课程标准进行分解，制定具体明确的教学目标，并保证大多数学生可以达成这些目标。教师要聚焦学科基本思想，从学科特点和规律出发，以学科素养为指导，形成学科的大概念，提升学科的核心思维，落实学科素养，设计学科教学任务。通过不同层次的问题情境引领学生探索解决问题的方法，帮助学生培养解决问题的能力，提升其学科素养。

以英语学科为例，目标体系构建如下：

首先，根据课程目标，结合课程对不同学生的基本要求，找到教材内容、功能和主题的相应标准。其次，以教材为基础，分析教材各单元模块和核心内容，制定单元教学目标。单元目标制定后，在划分班级目标时，不应简单地细化单元目标，而应注意各课时间教学内容的整合与再现。最后，在教学中要注意听、说、读、写、看五个方面训练的全面性，活动设计形式的多样化。总之，在构建学科素养目标体系时，一要关注课时目标之间的整体性和递进性；二要关注知识与技能、过程与方法、情感态度与价值观等方面的目标；三要关注教学目标对教学活动的导向和评价作用；四要关注教学目标叙写的规范性、具体性和可操作性。

二、设计深度学习

深度学习不是一味求难，也不是让学生孤立地学习，而是在教师指引下结合实际生活经验建立学习体系的过程。深度学习关注学生的学习过程与学习方法，其核心特征是"活动与体验"。无论是活动还是体验，教师都要以学生为主体，让学生积极参与活动，投入情境，获得真实的内在体验，从而对学习产生高度认知和反思。教师的教学方案不是让别人知道教师本人要做什么，而是让学生明确活动和体验的目的，让学生真正成为教学活动的主体。

从教师"教"到学生"学"是信息转移的过程，从学生"学"到"学会"，是信息加工的过程，深度学习注重对学习内容进行加工，达到学以致用的目的。深度学习对于学生来说，能够转变被动接受的状况，使学生成为积极主动的学习者；对于教师来说，深度学习能够帮助教师改变过去仅停留在表层的机械练习的教学方式，转变为启发引导学生发现知识蕴含的意义，提高学生发现问题、解决问题能力的教学方式。在深度学习设计之下，教学评价更加多元化，更加注重对学习过程的评价，提高了教师与学生之间信息反馈的效率，能够真正帮助学生从真实情境中对完成任务的表现过程进行全方位分析和反思。

在教学过程中，教师可以充分利用现代化教学工具，运用现代技术推进深度学习。例如，通过视频课件、校园网络平台、语音室等，让学生在情境中掌握知识，纠正发音，习得文化背景，与教师进行师生互动。从而提高课堂效率，更好地促进学生学习。

三、大单元设计

大单元设计是为了实现高质量育人，基于核心素养、分解目标、驾驭教材、读懂学情，对学习内容从宏观到微观，从整体到部分，从大主题和任务到具体课堂主题和教学内容进行分析、整理和组合，使得每堂课的教学目标更加清晰明确，教学任务更加合理，情境更加真实，教学评价和结果反馈更加全面系统，使教学具有系统性、关联性、递进化、科学化特征。大单元设计的活动完全围绕实际问题而展开，打破学科界限，使教学设计更具广度和深度。

在统筹规划和科学设计下的大单元教学能够帮助教师对教学内容掌握得更加系统化，课型设计更加丰富。以前的教学只有教读课、新授课、复习课和自读课，而在大单元设计下，会产生新的课型，如，对单元整体认知的导读课。这样的课程能够让学生对单元整体有所认识，明确学习方向，确立学习目标，对学习产生好奇心，并自主学习。

四、将教材内容进行教学化处理

将教材内容进行教学化处理即将教材内容改变为教学内容，教师依据对教材内容的解读，根据学生现有知识水平和认知能力确定教学内容。教学化处理一方面要求教师建构单元系列的学习；另一方面要求教师围绕单元目标，将教材内容涉及知识点重新组合，建构单元方案。以一个学习单元为单位，整合知识、目标、情境、活动、任务、问题、学习方式等，帮助教师对教材内容进行解读。

教材解读不是孤立存在的，需要教师从宏观把控到微观分析，对教材步步为营深入挖掘，多方面查阅资料、搜集信息，解读教材的地位和作用、内容结构、教学目标及重难点、教学方法等方面，科学地对教学内容进行提炼、精选、整合，灵活运用教材。具体策略如下：

（一）把握学科体系

教师要明确学科性质，充分研究课程标准，系统把握学科目标，在此基础上将单元目标进行分解，设计出单元内不同课型以及每堂课的具体教学目标。例如，单元主题是"交通"，单元内容包含对不同交通工具的表达即词汇课，该课的教学目标重在学生对词汇的了解和掌握；人物之间彼此询问出行方式，即基于在掌握词汇基础上的听说课，该课的教学目标则为学生对句型的熟悉和使用，侧重对学生听力和口语表达的训练；运用所掌握的词汇和句型归纳语言规律即语法课，教学目标需要设定为学生对语法知识的掌握使用和练习；结合生活实际描述家人每天出行方式即写作或口语课，教学目标重在提高学生的语言应用能力。

教师只有先对单元整体目标有充分系统的认识，才能够科学设计单元目标甚至每堂课的教学目标，使每单元的课型设计更加全面，教学目标更加具体明确，具有高度可行性。教师还应按照学生学习语言过程中接受知识信息的思维逻辑，循序渐进地开展教学，使学生更容易理解和掌握教学内容。

（二）建立知识网

教师在通读教材的基础上，明确规划学科体系中居于核心地位的知识与技能并以此为枝干向外延伸和扩展，搭建整个学科的知识网。通过建立知识网，教师能够认真思考每一个知识点的核心本质并将知识点进行关联，将隐性知识转化为显性知识，这也能够促使教师发现自身的知识盲区并及时进行补充，以提升个人学科素养。

（三）建立基本技能体系

教师经过对教材全面深入地研究分析之后，备课时抓住学科主线，围绕主线对教材内容进行取舍，或通过教材之外的教学资源对教学重难点进行补充。对于教材重点和难点学习内容，教师可增加学习和练习环节，将知识点进行充分讲解和扩展。例，如词汇教学，学生学习词汇不但枯燥而且易忘，教师可通过构词法、联想法等教学方法，为学生关联更多相关词汇，在帮助学生记忆词汇的同时扩大词汇量；除在词汇课上的讲解和练习外，也可将新学词汇和扩展词汇安排于听说课、口语课和写作课的课堂练习之中，让其不断在学生脑海中复现，帮助学生加深理解并巩固记忆。与此同时，学生能将新知识点融入听、说、读、写等语言技能中，建立基本技能体系，达到语言应用的目的。

（四）活化教材内容

活化教材内容即使教材内容的静态知识动态化、情境化、生活化，更具感染力和挑战性，以此激发学生学习兴趣，激活学生思维。活化教材内容需要教师充分发挥其主观能动性，把握学科特点，认真研究教材，充分认识教学目标，以教材为载体，灵活组织教学。在解读教学整体目标的基础上，理解教材设计的根本意图，确定整体教学方向，明确教材每部分内容在整体内容中的地位和作用以及各部分之间的内在联系，设定活化的教学目标，将教学内容应用于生活。例如，教师可以设定场景，让学生利用新学词汇或句型编对话、编句子或改写阅读理解的课文内容，场景的设计最好以学生周围的人或物为主要元素，增加真实感，让学生融入其中。

五、探索与新目标匹配的学科典型学习方式

学科学习方式包括学什么、怎样学、学会什么，即知识与技能、过程与方法、能力和观念。学科内容不同，学科学习方式也会不同。对于语言的学习，是在活动和情境中通过对具有结构的任务（群）的学习，学会阅读与鉴赏，表达与交流，梳理与探究。就英语学科而言，由于该学科的灵活性、工具性和人文性，在教学活动中，需要教师针对不同学习内容设计丰富多样的教学活动，这些教学活动不但要结合生活体现其真实性，也要符合学生思维认知习惯的针对性，更需要围绕教学目标要求，考虑学生对知识掌握的灵活度，实现课堂的高效性。

六、实施教学评一致的教学

教师是课堂的组织者和管理者，更是课堂的监督者，要使课堂教学达到理想效果，教学过程只是其中一方面，而保证教学过程顺利实施的一个关键因素是教学评价，即整个教学活动高效执行的监督工具。教学评价的核心环节包括对活动前学生准备情况的评价、对活动过程的评价和对整个教学目标实现程度的评价，按照评价阶段也可称之为诊断性评价、形成性评价和终结性评价。诊断性评价目的在于明确学生对学习的准备程度；形成性评价目的在于及时发现教学中存在的问题并进行纠正；终结性评价能帮助教师把握学生对教学内容的掌握情况。

对教师而言，首先，通过教学活动前的诊断性评价，教师可以了解学生对学习新内容的知识准备和心理准备情况，帮助教师及时发现学生可能在学习新内容上存在的困难并及时给予指导和帮助，了解学生个体差异并因材

施教，拉近师生距离，增进师生感情，保证学生在课堂上的参与程度。其次，教学过程中的形成性评价可以通过课堂练习等测验手段来进行，学生在练习中的正确率高，则说明其基本掌握新内容新知识；反之，如果学生正确率低，就说明大部分学生尚未充分掌握新内容新知识，教师就有必要重新讲解，通过形成性评价教师可以准确把握学生学习情况。再次，通过终结性评价，教师能整体把握学生各个阶段的学习情况，为下阶段教学目标和教学方向提供依据，同时也能够清晰了解自身教学情况，为后续教学活动积累教学经验。最后，教学评价也是教师进行科研的重要依据和突破口，通过教学评价，教师可以更好地将其教学设计和学生实践相结合，为教研提供一手资料，使教研更有针对性，更有研究价值。

对学生而言，首先，他们能够发现自己的不足，并与教师进行有效沟通，消除学习时的紧张心理，把握正确的学习方向，调整学习计划，提高学习效率；其次，通过形成性评价，学生能够及时将学习情况向教师反馈并得到有效帮助，在被认可被鼓励的过程中，学生能够提高学习兴趣，以更佳的状态投入学习，并对知识进行有效练习与巩固；再次，通过终结性评价，学生能够对自身阶段性学习有所了解，对经过努力获得的阶段性成功产生自信，或对阶段学习存在的不足及时分析以调整下阶段的学习规划；最后，通过教学评价，学生对学习过程更加重视，自觉监控自己的学习行为，通过积极主动学习，达到理想的学习效果。

七、科学设计教学活动

教学活动是实现教学目标的具体过程，是对课堂完整流程的设计，是达成教学目标的重要环节，教学活动一定程度上决定了教学方法的使用、教学环境的利用、教学效果的完成。学科素养落地，需要通过教学活动来实施；教学活动开展，需要围绕学科素养核心理念来进行。教学活动设计需要环节完整，流程清晰，实践活动安排得当，重点突出。

受传统观念影响，教师被视为教学中最关键的因素，教师专业素质、教学经验、责任心、教学方法被认为是决定学生学习质量的根本所在。长期以来，这种片面认识在很大程度上使人们忽略学生的重要地位。教师要把课堂归还学生，在教学活动中要有效促进学生之间自主学习和合作探究，一方面挖掘学生认识事物、看待问题和分析问题的广度与深度，另一方面提高其社会参与能力，培养其团队协作能力、动手能力、开拓创新能力。

学习是再创造的过程，只有不断发现问题、解决问题，不断完善思维逻辑，学生的学习能力才能得到充分提高。在教学中，教师要有意识地创造教学情境，让学生发现和探索自己。在这种环境下，学生们乐于学习，知识学得扎实。此外，丰富的学习渠道也是必不可少的，教师要设计激发学生积极参与并紧密结合实践的活动。每位学生已有的认知、经历、经验不同，对待事物的看法也不同，学习的目的是运用知识，一定要培养学生动手能力、创新能力。

第三节　英语学科素养的构成要素

学科素养是学科本质观和学科教育价值观的反映，是学习一门学科后养成的，与学科密切相关的学科素质、教养、品质，是一门学科内在的精神、文化、价值、知识、技能在学习者身上的积淀、内化与综合体现。[①] 作为一门语言学科，英语的学习不仅要紧密结合实践，还要深层次体验其文化内涵，学生在英语学习过程中不但能够扩大知识面，而且能够把握时代脉搏，提升自身的文化素养。英语学科素养构成要素主要有英语学科知识、英语学科能力、英语学科方法、英语学科思维、英语学科情感。英语学科知识和英语学科能力是英语语言应用能力的基础，英语学科方法是提高英语学习效果的有力保证，英语学科思维是英语语言得到正确应用的保证，英语学科情感是影响英语学习的重要因素。

一、英语学科知识

英语学科知识主要指英语语言知识，包括语音、语法、词汇等方面的知

---

①严先元.学科教学如何培育学生的核心素养[M].长春：东北师范大学出版社，2017.

识。英语学科知识是形成英语学科素养的基本前提。语音是实现交际功能的重要组成部分，英语的语音知识包括音素、音节、重音、节奏、语调等。语法知识是语言使用中"形式—意义—使用"的统一体，英语语法知识主要包括词汇知识和句法知识（句子种类、简单句、倒装句、从句、时态、语态）。词汇是语言的建构材料，包括词汇的构成（转化、派生、合成）、意义（内涵意义、外延意义）、词汇信息（词类、句法结构）、词汇用法（词汇、词汇搭配和语域）。

英语学科知识是英语课程内容的重要源泉，是课程内容的核心组成部分。学生通过学习英语学科知识，掌握英语语言技能、实践能力，激励和发展情感态度，发展思维和创造性思维、批判性思维能力，培养科学的学习习惯。诚然，这也要求英语学科知识的选择要遵循英语知识的内在逻辑联系，要重视英语知识的基础性、实践性和常用性，要善于把握英语知识内在的迁移、组合（搭配）和拓展以实现英语课程内容的规律性组织和安排，并使英语课程内容符合科学发展观的规律。[①]

二、英语学科能力

英语学科能力就是英语学习者在社会情境中运用英语语言理解和表达的能力，包括可观察、可检测、可干预的关键能力要素，如，英语听力能力、英语阅读能力、英语口语能力、英语写作能力、翻译能力和跨文化沟通能力等。本书将英语学科能力整体归纳为三方面：英语学习理解能力、英语实践应用能力、英语创新迁移能力，英语学科能力表现框架如图 1-3 所示。

① 张业春，陈佳欣，李海燕. 英语课程理论及其教学实践探索 [M]. 北京：九州出版社，2018.

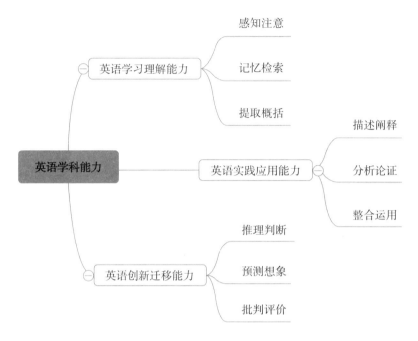

图 1-3　英语学科能力表现框架

英语学习理解能力指学生参与并体验英语语言学习，从而获得学科知识和信息的能力，包括感知注意能力、记忆检索能力和提取概括能力。感知注意即通过观察注意，有计划、有目的地关注英语语言知识、现象及其本质；记忆检索即利用记忆中的情景对语言知识进行联想和检索，帮助和加深对语言的理解；提取概括指通过对语言中的关键元素，如，重点词句的提炼概括，获取语篇整体信息，总结语言规律。

英语实践应用能力指学生在实际生活中综合应用语言知识达到交际目的的能力，包括描述阐释能力、分析论证能力和整合运用能力。描述阐释即通过英语对相关主题进行描述、阐释词汇或语句含义，主题可以包括许多方面，如，生活、工作、饮食、文化等；分析论证即根据语言材料分析判断语句之间及事件的因果关系，用英语论证自己的观点；整合运用即根据语言材料提供的各种信息，如，文章结构、语言环境、人物语气、逻辑关系等，用英语整合整理及编排信息，运用整合手段综合运用语言。

英语创新迁移能力指学生面对语言交际过程出现的陌生问题，能够充分发挥个体思维，利用现有知识和信息，结合外界环境对问题进行探究分析，并创造出新颖成果的能力。英语创新迁移能力包括推理判断能力、预测想象能力、批判评价能力。推理判断即根据语言材料中既有信息、逻辑线索、因果关系等推理出未知信息，如，根据标题推测主题，根据上下文推测词义，根据已知信息推理作者的观点意图、人物关系、事件的后续发展等，并用英语表达；预测想象即对既有信息发挥想象，从而产生丰富多样的创意，如，英语学习过程中对原文的续写续编等；批判评价即以个人所掌握的理论研究或生活经验为论据，对观点、问题或现象进行论证，或支持或反对，最后提出令人信服的个人见解。

教育体制改革要求教师从单纯的知识传授转向对学生综合能力的训练培养。因此，英语教师要在教学实际过程中加强理论的深化研究，不断缩小自身教学能力与课程改革要求的差距，从而提高教学质量。

三、英语学科方法

英语学科方法是指英语学习者在英语学习过程中使用的方法、策略和途径。新课程标准倡导学生自主学习、合作学习和探究学习，具体如下：

（一）自主学习

自主学习是一种处于完全自主状态下的学习，学生自己有明确的学习目标，知道采用什么样的方法和措施来开展学习，能够合理使用与自身能力匹配的技术设备进行训练。教师在学生自主学习过程中要以学生的兴趣为出发点，引导其建立良好的学习习惯。英语学科知识点比较零散，需要大量的积累，尤其对于基本的学科知识，学生需要长期不断的记忆和练习才能真正将其内化，这个过程大部分都是通过学生自主学习来完成的。

（二）合作学习

合作学习以学习目标为导向，以师生的合作为前提，以小组为主要表现形式，其主体是小组内的各成员，评估方式以团体内的成员总成绩为依据。合作学习包括小组自评、人际及组际交际技能、积极互动、互相依赖、个人责任及小组责任。

（1）小组自评。合作学习不仅需要师生之间的共同合作，也需要小组成员之间的协力合作。通过小组自评，对每个成员进行有效合理评价，有针对性地对问题进行分析和解决，从而达成教学目标。

（2）人际及组际交际技能。根据核心素养的理念，学生要在社会参与中实现实践创新、开展小组合作学习，学生不仅能够有意识地完成个体的责任和义务，还能够培养集体主义精神，体会到合作互助、共同进步的意义，充分意识到自己作为小组成员应起到的作用，培养责任意识。更重要的是，通过小组成员间以及组与组之间的讨论合作，学生交际能力也能得到提升。

（三）探究学习

随着知识和经验的积累，学生个体之间的差异也会越来越明显，思维特点、世界观、人生观都会出现很大不同，不同学生在对待某一事物或对某一现象的理解与认识上可能会出现分歧。这就需要学生通过讨论与探究，对事物进行更加全面和深入的分析与交流，用辩证的眼光去看待事物的发展。鉴于英语学科具有较强的实践性，教师应引导学生、鼓励学生积极参与课堂合作与讨论，大胆开口，珍惜课堂实践，不放弃每一次交流的机会。

四、英语学科思维

学科思维是学习特定学科内容的基本思维形式和方法。英语学科思维是指在英语学习过程中形成的思维方式。语言是思维的工具，思维是语言的核心，能够说出、写出流畅地道的英语，需要具备一定的英语思维。能够灵活运用英语思维是英语学习达到某种境界的体现。英语听、说、读、写、译的过程，既是语言能力发展的过程，又是思维能力发展的过程。中西方文化差异大，英语和汉语在表达方式和思维方式上存在很大不同，对于长期生活在汉语环境中的学生来说，培养英语思维，用英语思维进行思考确实需要一定的时间，但这并非遥不可及。培养英语思维可以从以下三个方面着手。

（一）直接用英语思考和表达

鼓励学生在学习时跳出汉语思维，直接用英语表达。学生要建立起英语与自己周边环境、个人经历及情感之间的直接联系，这种联系不需要母语的参与。

（二）多接触原版英文学习材料

日常生活中注意多听、多看、多读英文原版的故事、电影、书籍等，增加使用英语的频率，多模仿练习。

（三）加强语言实践

教师在与学生交流时要坚持使用英语，培养学生使用英语的习惯和意识，充分利用教具、多媒体等教学工具，为学生创造语言练习环境，培养学生英语思维。

五、英语学科情感

学科情感是在学科学习过程中形成的对特定学科的情感态度。英语学科情感是指在英语学习过程中形成的对英语学科的情感态度，主要包括英语学习兴趣、学习态度、学习动机、学习自信等影响英语学习的非认知因素。英语是一种表达感情的工具，人们在交流过程中赋予它思想和情感。通过英语实践活动，可以激发英语学习者的积极性和创造性。英语学科情感是英语学科素养可持续发展的关键因素。保持和提高英语学科情感，如，学习兴趣和学习动机等，比发展英语能力本身更重要。想在教学中融入学科情感，教师可以从以下四个方面入手。

（一）构建和谐师生关系

教师要放下严师姿态，从讲台上走下来，走进学生并与他们进行交流，创造轻松和谐的交流氛围，了解学生在学习方面的真实需求，帮助学生突破难点。要真正走进学生内心，使学生对教师产生信任感，对英语学习产生动力并以积极健康的心态面对英语学习。

（二）尊重学生，满足学生差异化需求

学生的英语基础、学习能力、接受能力各不相同，教师在设计教学活动

时要综合考虑学生的个体差异，满足学生差异化的情感需求。尤其对于英语基础薄弱、学习兴趣较低的学生，教师要给予更多的关心和关注，打破学生对英语的排斥心理，帮助学生建立和提高自信心，使其形成良好的品格和正确的价值观，为终身学习奠定基础。而对于基础良好的学生，教师应给予更多拔高学习的资源和机会，培养其创新意识，提高英语素质。为此，教师在教学中要设计合理的分层教学，实现各层次的学生共同进步。

（三）教学中实施情感评价

传统的课堂评价往往只注重结果而忽略学生的情感、态度、学习品质、学习精神等，这样的评价是片面的、不合理的。随着新课程标准改革的实施，教学评价已从单一的结果评价转为多元化评价。评价形式从单一的教师评价转为师生评价、生生评价等多种形式。教师的评价语言也更加丰富，不再打击批评，而是委婉纠正学生的过失或错误，更多地给予其鼓励和肯定，从多角度发现每位学生的亮点并给予表扬，鼓励学生不断突破自我，最大程度激发学生的情感潜能，让学生产生持续的学习动力。

（四）课堂之外拓展情感教育

学生在校内与校外往往表现得不同，情感教育不应只局限在校园，而应走进学生生活，通过家校合作对学生有更加深入的了解，为学生制订个性化的学习方案，多渠道多角度帮助学生培养良好的学习习惯与学科情感。

第四节　英语学科素养的内容、目标与课程标准设计教学目标

英语学习作为一种语言的学习，具有很强的交际性和应用性。因此，英语教学不能仅停留在知识和能力的层面，而应该在知识和能力的基础上达到英语"素质性"的提升。学科教学必须认真分析本学科对于学生发展的独特价值，最终以"培养全面发展的人"为核心，通过学科素养落实到核心素养。

英语学科核心素养包括语言能力、文化意识、思维品质、学习能力。英

语学科素养四个维度不是先后关系而是相辅相成的，如，在练习语言使用能力过程中，学生能够逐渐掌握英语思维模式，提高文化意识，同时，学生的学习能力也在不断得到锻炼。

一、英语学科素养的内容及目标

（一）语言能力及目标

1. 语言能力

语言能力是指在特定情境下通过听、说、读、写、看来理解和表达意思的能力。英语语言能力作为英语学科素养的基础，具有独特的价值，为学生发展文化意识、思维品质和学习能力奠定了基础。语言能力主要包括以下几个方面：首先，学生需要掌握音标、词汇、句型、语法等基本知识，并且能够运用基本知识进行简单交流；其次，学生能够运用所学语言，通过流畅的口述和笔述表达自己的观点；最后，学生能够在阅读中读懂作者想要表达的意思，分析文章逻辑结构等深层次内容，并且具备自己相应的判断能力，能对文章写作手法、内容风格等方面做出评价。

2. 语言能力目标

英语学科语言能力目标指的是具有一定的语言意识和英语语感，能将现有的语言知识运用到特定语境中，理解口头和书面文本所表达的意思，识别恰当的表达方式，熟练运用口头语言和书面语言与人交流。

英语学习的目的是让学生初步掌握综合运用语言的能力，因此，可以将语言能力作为英语教学的基本目标。语言能力要求学生具备一定的语言意识和英语语感，能够在特定语境中灵活运用英语语音、词汇、语法、篇章结构等语言知识，达到语音准确，语调流畅自然，遣词造句合乎规范，表达得体；熟练运用听、说、读、写、译等技能；能运用口头和书面表达与交流技巧；掌握中西方历史、社会、政治、经济、科技、文化等方面的知识；掌握并使用英语学习方法和学习策略。

英语课程目标已经明确规定，培养学生的综合语言运用能力是课程的总目标，而该目标的形成是建立在语言知识、语言技能、学习策略、文化意识和情感态度的整体发展之上的。

例如，高等大学英语语言能力目标包括听力理解、口语表达、阅读理解、书面表达、翻译、词汇量六个方面（表 1-1）。

表 1-1　高等大学英语语言能力目标

听力理解	听懂并理解一般对话以及短文能够； 能按照对应年级听速标准的要求听懂讲座、广播电视及其他音频； 对专业讲座能够抓住要点，概括大意。
口语表达	能流利准确地对一般性及专业话题进行对话或讨论； 针对较难的文本或对话能够进行简练概括； 能在国际会议、专业交流中宣读、讨论论文； 能用英语流利自如地表达个人观点，有较强的文化交际能力。
阅读理解	能借助工具书阅读和理解各种体裁和主题的难懂的文章，根据语境进行推理和预测，有较强的整体理解和概括能力； 能借助工具书阅读英语原版书籍或报纸杂志； 能顺利阅读与专业相关的文献。
书面表达	对一般主题能够自如地表达个人观点，能使用英语复杂句且意思连贯、句式变化多样、文章结构清晰、内容丰富、逻辑性强； 能用英语撰写专业技术报告、论文； 能在半小时内写出 200 词说明文或议论文且内容完整、条理清楚。
翻译	能借助词典翻译英美报刊有一定难度的科普、文化、评论等方面的文章； 能翻译我国国情或文化介绍性的文章； 英汉译速为每小时 400 单词，汉英译速为每小时 350 汉字，内容准确，表达通顺，语言错误较少。
词汇量	掌握约 6 500 个单词和 1 700 个词组，其中 3 000 个单词为常用词汇。

（二）文化意识及目标

1. 文化意识

文化意识是渗透在英语语言学习中的一种意识习惯，体现学生对不同文化的欣赏借鉴能力及审美能力，通过中外文化的认识、理解、对比，能够尊重文化差异，赏析文化，吸取精华。文化意识也体现着学生的价值取向，学生在文化意识培养过程中能够学会作为个人和公民应承担的基本义务和社会责任，学会做人做事，成为有理想、有道德、有文化、有纪律的"四有新人"。

2.文化意识目标

英语学科的文化意识目标指的是获取文化知识，理解文化内涵，比较文化异同，吸收文化精华，形成正确的价值观，增强文化自信，形成自尊、自信、自强的良好品格，具有一定的跨文化交流和传播中国文化的能力。

培养文化意识是语言教学的重要目标。在英语学习的初期，文化意识的培养侧重通过文化知识的学习，培养学生对不同文化的兴趣和敏感性，使学生获得文化知识，理解文化内涵。在中间阶段，要求学生在进一步学习外国文化的同时，比较文化异同，吸收文化精华，加深对中国文化内涵的理解和认识，培养跨文化意识和能力。但在实际操作中，不可在某一阶段只专注于文化知识的传授，而是要同时注意对学生跨文化意识的培养。文化知识的传授不能替代文化意识的培养。

总之，文化意识的培养是从获得文化知识到塑造文化品格，再到培养跨文化能力。由此可见，文化知识是文化意识形成的基础。只有学习文化知识，深化文化理解，才能形成文化意识。例如，大学英语教学的目标是使学生获得文化知识，理解文化内涵，培养和拥有新的文化意识，比较文化异同，在了解其他文化的基础上学习文化精髓，进而培养综合文化价值观，提高综合素质，增强文化自信，使学生具有一定的跨文化交际和传播中国文化的能力。文化意识的培养要求教师在平时的英语课堂中，要结合教学内容介绍相关文化背景知识，把语言教学和文化教学有机地融合，将文化知识融入课堂，充分利用现代化教学手段，创造有助于培养学生跨文化研究和交际能力的学习模式和环境。

（三）思维品质及目标

1.思维品质

思维品质是指英语学习中的思维和辨别能力，包括判断、分析、推理、理性表达等思维活动。思维品质注重心智发展，主要反映学生心智发展的特点和水平。它的价值在于帮助学生提高分析和解决问题的能力。思维品质包括逻辑、批判和创新三个维度。

逻辑思维是在感性认识的基础上，通过分析、辨析和推理，揭示事物内在本质关系的过程；批判性是指有目的地对知识生成的过程、理论、方法、背景和评价标准的正确性，作出自我判断的思维过程；创造性是以不同方式解决问题的思维过程。思维品质直接影响着英语学科素养水平高低，因此，它构成了英语学科素养的重要内容。

2.思维品质目标

英语学科的思维品质目标指的是能够辨别语言和文化中的具体现象，梳理、总结和构建新的概念，分析和推断信息的逻辑关系，正确判断各种意识形态观点并创造性地表达自己的观点，具有多元思维意识和创新思维能力。

思维品质的目标要求学生能够辨别语言和文化中的具体现象，整理和总结信息，构建新的概念，分析和推断信息的逻辑关系，正确判断各种意识形态观点，创造性地表达观点，具备多元思维意识和创新思维能力。在阅读中，学生要理解文本的主旨要义，理解具体信息，根据上下文推测词义，做出简单推理判断，理解文章逻辑结构，理解作者观点态度，理解文本的文化信息和文化内涵，这些要点无不体现学生的思维品质。英语学科内容学习和学科活动过程能够培养学生分析和解决问题的能力，使学生学会从跨文化的角度观察和理解世界。因此，借助语言、思维和文化的结合，学生可以对事物做出正确的价值判断，促进学生进行深入学习。

教师应注重在阅读教学中培养学生思维品质，引导学生对每一篇文章的文本特征和语篇优势加以分析，教学设计要体现不同文本特征与优势。教师可借助标题、主题、写作目的与基本意图、作者相关信息、阅读难点等设计多种思维活动以培养学生的思维品质。

（四）学习能力及目标

1.学习能力

学习能力是指学生主动运用英语学习策略，拓宽英语学习渠道，提高英语学习效率的意识和能力。学习能力注重学习方法的培养，是学科核心素养发展的必要条件。养成良好的学习习惯不仅是学生终身发展的重要条件，也是学生拓宽学习渠道、提高学习效率的保证。学生具备学习能力，能够保持英语学习的主动性，从多渠道获取学习资源，选择合适的策略和方法，以期反思和调整。

2.学习能力目标

英语学科的学习能力目标指的是树立正确的英语学习观，保持英语学习兴趣，有明确的学习目标，能够多渠道获取英语学习资源，有效规划学习时间和任务，选择合适的策略和方法监控、评估、反映、调整学习内容和过程。

二、根据课程标准设计教学目标

教师在明确核心素养目标的基础上，结合所教年段教学大纲设计教学目标，具体教学目标的设计应从以下四个方面进行。

（一）明确各层次、各级别教学总目标

首先，教师应充分研究课程标准，明确其中对语言知识、学习策略、文化知识等方面的具体要求；其次，认真分析学情，了解学生的性格特点、知识储备、思维特点、经验储备；最后，整体规划年段或学期教学总目标，保证整体教学计划紧紧围绕着课程标准进行。在此基础上，教师对年段或学期目标进行细分，按照教学规划设定各阶段教学目标。

（二）模块教学目标

教师在制定年段或学期教学目标后，要对该目标中的知识点进行梳理，掌握其内在联系，合理分析并运用教材，整合教学资源，对教学内容进行模块划分，制定模块教学目标，确定教学评价方案。

（三）单元教学目标

明确模块目标后，接下来教师要针对每个模块主题及教材内容，设计单元教学目标和课时，从基础知识与技能、教学过程与方法到情感升华，教师

要制定分层次单元教学目标，由浅入深，设计适合主题的课型，从听、说、读、写等各项技能要求对单元教学目标进行细化。

（四）设计课堂教学目标

课堂教学目标是完成教学大目标的阶梯，因此，课堂目标要遵从具体化、可实现化、可验证的原则，要清晰明确。例如，教师在设定课堂教学目标时应指明学生需要掌握哪些新的词汇和句型，在课堂结束后要通过教学评价进行验证，保证教师和学生都能够知道教学目标是否已达成。当然，针对不同教学内容，教师设计教学目标的侧重点也存在不同。例如，针对关于环境污染的一篇对话课文可以设计以下教学目标：学生通过听读训练和讨论，能够把握文章主题和对话中的具体信息；学生能够理解词汇表中的单词并通过课文内容对单词含义进行猜测；学生能够运用文中的表达形式阐述自己在环境保护方面的观点。该课节的教学目标主要涉及语言技能（听、读、说）、语言知识（词汇、话题）及学习策略（认知策略）。

第二章　构建具有学科素养的英语课堂教学

英语课堂是实现英语教学的重要途径，是集合教师、学生、教学策略与方法等课堂要素的载体，充分了解英语课堂教学现状，构建具有学科素养的英语教学课堂，是培养学生核心素养的重要途径。

第一节　英语课堂教学现状与问题

近年来，我国英语教学改革取得明显成效，课程标准的建设、教学方法的改进及教师队伍的选拔均取得重大进步。我国英语教学若要进一步深化改革需要教师认真分析教学现状，客观面对教学问题，提出积极合理的改进建议和措施。课堂教学活动离不开教师的"教"和学生的"学"，本节将从这两方面展开分析英语课堂教学的现状与问题。

一、英语课堂"教"的现状与问题

（一）教材选择和使用

教材是教学活动中最关键的工具，直接体现着教学大纲和教学核心，其教学目标、选材内容、练习方法、指导思想直接影响着教学效果。因此，合理选择教材是教学成功的关键。近年来，英语教材研究备受关注，尤其是大学英语教材。随着教学改革的不断深入，英语教材发生了深刻变化，有了很多新的特点。如，更加强调以学生为中心，充分重视学生发展，教材选材丰富，注重学科融合，更加多样化，更具开放性。

然而，对于非英语专业学生，教材选择缺少实用性，更多偏重文学、时政。应用文范例不够，听说训练较少，或是所配备的听力材料需要一定的教学设备，对于教学条件落后的校园无法开展相应练习，效果可想而知。另外，虽然一些原版英语教材也被引进，但这些教材忽略使用性，学生虽然能学到知识但却无法应用于生活。部分教师用书也缺少对教学方法和教学活动设计的参考建议，教师无法抓住文化切入点，导致无法开展教学。

从教材的使用情况来看，大学英语课时安排一般为一周 4 课时，但由于教材中课型广泛，包括精读、泛读、听力、写作等，很多教师觉得时间仓促，有时无法将教学活动安排得精彩而充分。好的教材要能够体现好的指导思想和先进教学方法，内容安排符合教学目标，素材真实地道。教师作为教材使用者，要对教材设计提出宝贵建议，并结合学生意见开发更适合我国学生的英语教材，以促进英语教学的发展。

（二）师资的现状与问题

（1）教师教学观念和教学方法。语言学习需要外界环境不断刺激，随着现代科学技术发展和教学设备更新，教学条件得到很大改善，但很多教师并没有充分利用教学设备，很多设备处于闲置状态。一方面，教师受传统教学模式影响，认为调用、制作教学课件会占用太多时间和精力；另一方面，由于学生数量多而设备较少，二者之间存在矛盾。这种缺少多媒体环境的教学可能无法充分激发学生的学习兴趣，使课堂教学效率较低。

（2）性别结构不合理。女教师人数众多，一般占教师人数的一半或三分之二以上。

（3）年龄结构不合理。现在的英语教师多以年轻教师为主，年轻教师适应性强，许多教师还具有留学背景，这毋庸置疑是他们的优势。但他们也存在一些不足，如，缺乏教学经验。具备教学经验的教师大部分在 45 岁以上，这些教师有丰富的教学经验，也熟知教学规则，但由于老教师毕业时间长，接受新鲜事物的能力较差，对现代科学技术掌握得不充分，面对教学改革的不断深化，他们可能无法快速跟上时代的步伐。

（4）科研能力弱。教师除教学之外还要完成科研任务，教学推动科学研究，科学研究促进教学。由于大多数大学英语教师主要教授听、说、读、写和翻译等语言技能，他们的创新思路薄弱，导致科研力量薄弱。同时，由于具有高等学历和专业职称的教师数量较少，科研过程中缺乏强有力的领军人物。

（5）缺乏危机意识和创新意识，出现职业倦怠。信息时代的快速发展，多媒体技术的高效使用，教学观念的不断更新，要求教师要不断学习，从而能够紧紧围绕时代要求，更新教学理念，设计更加新颖的教学模式和更加丰富的课堂活动，提升自身教学能力。然而，部分教师由于从业时间长，教学思维和模式比较固化，他们认为原有教学方法和教学技能能够充分驾驭课堂，导致自身出现职业倦怠，对出现的新生事物产生抗拒心理。

（6）与信息技术的结合有限。信息技术的发展为教学提供了很多现代化教学手段，但这些教学手段在教学中并没有得到充分使用。一方面，部分学校对信息化教学认识不够充分，只是单纯按照要求进行信息化教室的建设，部分教师对待简单易操作的问题采用信息化教学模式，而放弃复杂的、需要付出较长时间的操作，依然采取传统的教学模式，所以信息技术没有在教育中充分发挥其作用；另一方面，信息技术的使用在教学效果达成方面，依然需要教师协作才能达到更好的教学效果，如对于英语写作的评价，信息技术无法对学生作文做出判断。

（三）课堂活动设计较少

在互联网时代导向及英语核心素养的理念下，培养学生核心素养离不开英语实践，英语实践是英语教学的重要环节，但英语实践在实际执行中仍然较为被动。因此，需要建立能够有效将英语基础知识教学与实践活动科学对接的长效机制。为此，教师需要逐步有效探索英语核心素养的培育对策，创造有利于学生练习语言的课堂环境和平台，建立管理机制科学规范的实践活动，促进教学质量的逐步提升。

（四）教师对学生英语核心素养培育力度不足

部分教师对核心素养目标定位不够明确，课堂教学仍存在照本宣科的成分，教学内容不够贴合核心素养，教学方式死板固化，学生参与度低，没有充分内化课堂知识，不能学以致用并积极参与实践活动，英语学习能力偏差，教学质量和效率没有得到保证。

二、英语课堂"学"的现状与问题

（一）学生自身英语基础层次不一，差距较大

随着高校办学规模的扩大，学生来源越来越广，导致学生入校时英语水平差异也越来越大。一部分学生自小酷爱英语且成绩一直优异，进入大学后，能够获得较中学更多实践的机会，可凭其爱好充分发挥英语方面的特长，积极参与高校组织的各种比赛与活动；而另一部分学生本身对英语学习兴趣不浓，成绩也不理想，对其而言高校英语设置的各种课程虽然丰富，却只成为他们的烦恼，他们学习被动性大，基本为应付考试而学；还有一部分学生偏重对专业课的学习，英语学习意识淡薄，缺乏学习英语的主动性。

（二）大班授课针对性不强，学生进步难

由于条件的限制，有的学校存在师资短缺的问题，英语课只能采取混合班型或大班型上课的模式。在这样的班级中，学生入学时的英语水平差异大，但教材和教学进度是统一的，所以，因材施教和有针对性地教学是很难做到的，对于好的学生无法满足其学习要求，对于基础较差的学生又增加其学习负担，导致学生很难进步。

（三）学生学习能力难以适应先进教学方式

有些高校采取"分级教学"，目的是使更多学生得到与之能力相适应的教学，使得课堂效果达到最佳。但由于多媒体教学容量大、信息交换快，部分学生跟不上课堂进度。学生自学能力有限，对教师依赖性强，一味跟从教师的教学节奏，缺乏学习主动性和积极性，对于自己的学习计划没有科学合理的安排。面对大量语言资料，学生不会自己组织和取舍，无法提高学习效率，影响学习效果。

三、英语考试

很多学生学习英语的目的是应付考试，尤其是为了大学英语四六级考试。

客观来讲，四六级考试在一定程度上促使高校提高教师对英语教学重要性的认识，也督促学生认真学习。无论从学校管理层，还是教师和学生，都对考试通过率给予密切关注。这种情况下，学生需要花大量时间准备考试，教师也倍感压力，因此，在教与学的过程中，双方都忽略了语言综合能力的提升，而将注意力集中在提高应试技能上。

第二节　优化英语课堂教学的策略

教学策略是有意识的教学行为，科学的教学策略能够有效引导课堂教学，指导教师和学生的互动，使教学取得良好效果。教师在教学过程中要采取适当的教学策略，在明确教学目标的前提下有计划地组织教学活动，引导学生有效学习，使学生积极主动获取知识。

一、英语教学策略

英语教学策略不等同于英语教学方法，教学策略超越具体方法本身。英语教学策略是在确定英语教学目标后根据教学任务、教学目标和学情分析，为达成教学效果而设定的一套特定的方式和方法。英语教学策略通常分为以下三类。

（一）"目的语—母语"参照教学策略

目的语教学策略，即将目的语作为参照体系，课堂上不使用媒介语，更充分地为学生创造学习目的语的环境。母语教学策略是将母语作为参照体系，将母语和目的语进行比较，侧重双语对译。语言教学不仅要构建学生目的语的语言体系，还要实施目的语文化教育。"目的语—母语"教学策略能够帮助学生全面了解和对比中西方文化，知己知彼。

（二）"分析型—经验型"教学策略

分析型教学专注于知识传授、系统性讲解，它是一种非情境化的教学，强调准确性。而经验型教学恰恰相反，它更加专注语言运用，是一种情境化的教学，强调自然表达、流利运用。英语教学不能单一运用分析型或是经验型，二者有效结合才能达到更好的教学效果。

（三）"显性—隐性"教学策略

显性教学指有意识的教学活动，是正式的、系统的、理性的学习；隐性教学把学习看作习惯养成的一个活动，是直觉的、体验式的学习。语言学习是显性和隐性的结合，同一班级的不同学生背景不同，学习风格不同，教师应多提供二者学习结合的机会。

二、教师教育策略

无论以上哪一类教学策略，都是作为教学策略的一条暗线穿引在具体教学活动之中的，针对具体教学活动，教师需要从课前的组织整合到课中的提问激励再到课后的归纳总结，即从教学活动的各个环节采取相应策略，保证教学活动取得良好的效果。

（一）课堂组织和整合策略

充分的组织和整合是做好活动的前提，教学工作更应如此。教师通过整合教学策略，合理组织课堂活动，能够在丰富教学内容、提高教学效果的基础上，促使教学效率的提高。

（1）课堂组织策略。课堂组织策略按照形式划分包含以下五种。

①先学后教。"先学"指的是在教学活动前，教师针对学习目标先向学生提出学习要求，并给予学前指导，进而让学生带着问题自学，通过自学解决问题并完成检测。在自学过程中，学生通过对旧知的推理产生对新知的认识，又通过检测对其推理过程与结论进行验证，这个过程能够极大提升学生的自学能力，培养学生自学意识。"后教"指的是在学生自学后，教师有针对性地对其学习过程、学习方法和学习结论给予点评和纠正，这个过程能够帮助教师了解学生知识掌握薄弱的环节，有的放矢对新知展开深入讲解。先学后教的教学方式打破传统教学的局限性，充分发挥了教师的引导作用和学生的自主性。

②选择性讲解。选择性讲解是指教师在教学过程中，不拘于教材内容的

限制，而是根据教学进度和学生接受水平，选择性利用教材，摒弃照本宣科的做法。例如，教师在最初制定单元目标时，将某单元划分为四个课时来开展教学，分别为阅读课、听说课、语法课和写作课。在阅读课教学过程中，教师发现学生对于大部分新词汇和短语都已熟练掌握，这部分内容并没有对学生阅读产生较大障碍，因此，没有必要再利用大量时间对这部分内容练习巩固。此时对于教材中的简单练习题可以选择跳过不做，而是把时间用在学生对文章的深入理解和写作手法的学习上，也为后边的写作课做铺垫。反之，如果按照既定教学计划发现学生仍不能顺利完成词汇练习，在巩固词汇过程中出现困难，那教师应在后续的听说课、语法课和写作课的教学过程中不断将词汇重现，帮助学生巩固并记忆。

③情境对话。情境对话指教师在课堂上设置贴近生活的话题，让学生进行对话练习，当然情境的设置要与教学内容紧密关联。在巩固环节，教师也可以让学生运用所学句型对春节进行对话练习，这种情境不但与学生生活紧密关联，而且学习内容也是学生喜欢和感兴趣的，因此，能引发学生讨论兴趣。教师可以引导学生积极运用所学语言知识，达到学以致用巩固知识的目的。

④计划参与。计划参与是指教师有计划、有准备地参与学生课堂的学习与讨论。计划参与前，教师会设置引发学生思考的问题，并对学生在讨论可能提出的问题及学生对其问题产生的答案进行预设，做好参与讨论的准备；讨论过程中，教师会利用一部分时间与学生进行问答互动，教师的提问和参与能够启发学生深度思考。同时，教师提前做好了预设，因此，在回答和解释环节有充足的准备。

⑤改变教学方式。教师在备课时应综合考虑教材内容、教学环境、学情等因素选取最佳教学方式，充分利用现有教学设施设备，设计丰富有趣、高度吸引学生注意力、提高学生参与度的教学活动。运用多媒体技术增加课堂活动的生动性和形象性，为学生创造语言练习环境。通过网络技术增加课堂信息量，并与各地教师交流经验，丰富教学资源。

（2）课堂整合策略。在开始教学活动之前，教师需要对教学的方方面面进行整合，包括教学目标、教材分析、教学过程、教学活动等，通过课堂整合，教师能够更加明确教学目标，充分利用现有教育资源，以学生为出发点，组织开展更高效的英语课堂。

①整合学习目标。在整合学习目标时，教师应对所教阶段课程标准认真分析和研究，明确教学要求中对学生知识、学生能力、学生态度等多方面的目标要求并进行整合，从核心素养的理念出发，设计出能够达成这些目标的教学方案。

②整合教学资源。教学资源是指能够帮助教学工作顺利有效开展的各种可被利用的条件，包括物质条件、自然条件、媒体条件、人文条件等，教师通过整合各种有利条件并将其应用于教学活动，能够极大提高课堂效率，丰富学生体验，帮助学生加深对知识的掌握和巩固。例如，对"蝴蝶效应"这一课的教学设计，首先，教师可以利用多媒体向学生展示蝴蝶、太平洋、飓风等一些图片或播放相关的一段小视频作为导入，让学生猜测并讨论课堂主题，这个环节体现了对教学资源中媒体条件的利用；其次，学生通过讨论，彼此分享其对概念的理解、亲身经历或者阅读与听闻中涉及的相关现象、自身的总结与启发等，加深对主题的学习和认识，这个环节体现了教师对教学资源中人文条件的整合利用；最后，教师可以在巩固环节为学生提供课外相关阅读资料或者有关报道，也可以让学生制作相关海报，这个环节体现了教师对教学资源中物质条件的整合。

③整合语言技能。教师通常以单元为单位进行教学设计，根据教学要求与学生实际情况对同一单元主题划分为不同课型，旨在使学生语言各方面技能都得到充分训练，但并不是某一课型仅能围绕与之相关的一种技能练习开展教学。相反，实际教学过程中，通常对某一技能的训练也会涉及其他技能的使用，这就需要教师针对每堂课的侧重点，系统整合语言技能。例如，阅读课型的练习环节设计包含口语或写作的训练，词汇学习的环节设计包含听力的训练等。通过整合语言技能，学生不但能及时巩固所学知识，而且能够达到对语言灵活运用的目的。

④整合教学媒体与信息技术。教学媒体不但包括传统教学中常用的实物、模型、图片等，还包括现代化教学技术，如，多媒体、录像等。将信息技术应用于教学是以先进教育思想和理论为指导而进行的技术与教学的整合，旨在促

进学生自主学习，促进教学方式改革并培养学生创新精神。例如，学生利用信息技术搜索资料、进行人机对话、模仿发音等，增加语言输入和练习的机会。信息技术的使用确实为教学提供了极为便利的条件，但教师切不可因现代教育技术的先进而彻底偏废传统教学媒体。教师应以学生为中心，考虑教学媒体使用的有效性和可操作性，从而合理选择使用，充分发挥教学媒体的作用。

（二）提问和激励策略

对学生的提问和激励是教学的重要环节和有效手段，教师应基于特定原则采取有效的提问和激励策略。

（1）提问策略。提问是教师检查学生学习行为和效果的一种方式，提问的目的可以是引出话题，也可以是强调重点，或是进行检查等，但最主要是让学生参与教学活动，能在活动中做出相关的反馈，提高学生参与度，启发学生思维，并帮助教师检验教学效果。

教师提问时，应紧紧围绕主题和重难点，从教材和学生兴趣出发，结合学生已有知识，由浅入深，并选择启发性和具有挑战性的问题进行提问，要考虑大多数学生的实际水平，调动全体学生。同时，对于学生的回答要及时给予激励性的评价，激发学生的求知欲望。提问语言要简练、明确。具体提问的策略包括以下四个方面。

①有计划地提问。教师在备课过程中要确定提问的目的、内容、方法，并对学生的回答做预测，针对不同主题、课型，根据教学目标设计出适宜的提问内容和问题类型。有计划提问能够使提问更具针对性，节省课堂时间。教师通过比较学生实际回答和所预测的回答，能够总结学生不同于教师思维的地方，进而缩短师生思维的差距，让教学设计更符合学生，更有利于学生思维的发展。

②问题设计策略。问题设计要简化，尽量运用学生熟悉词汇；要结合实际设计贴近学生实际生活的问题，让学生产生回答的兴趣；从不同角度由浅入深、由易到难设计问题，使学生多方面多角度思考问题，体现学生的主体地位。

③控制策略。在提问过程中，一方面，教师要让每位学生感受到被重视，目光能够照顾到全体学生，通过眼神交流鼓励学生积极发言，并使学生

集中注意力，思路紧跟教师，不走神，不搞小动作；另一方面，教师对于提问的时间把控要合理，要给学生留出足够的思考时间，同时要防止提问顺序和提问方式一成不变，导致学生提前推测问题，仅针对某一个问题提前做准备。

④评价策略。评价策略是教师针对学生回答所采用的评价方法，评价策略是有效提问的保证。常用的评价策略包括表扬、鼓励、引用、肢体语言等。

每位学生都希望得到表扬，表扬能极大增强学生的自信心，促使学生不断进步。但需要注意的是，教师的表扬要真诚，不能过于刻意，否则会适得其反。对于缺乏自信的学生，教师应多给予鼓励，针对学生回答不准确的情况，教师要态度温和地运用委婉的语言帮其分析原因，要让学生通过教师鼓励的语言和态度生发学习的动力。

引用是一种间接表扬，大部分学生都比较喜欢教师"引用"自己的观点或说法，这让学生体会到成功感，能够唤起学生的自信进而默默为更高的学习目标努力。

在交际过程中，身势语发挥着与文字信息同样重要的作用。身势语通过表情、动作、眼神、举止等行为表现向人们传递信息，有时可能会带来比语言传递信息更好的效果。例如，教师在课堂上对学生竖起大拇指的同时向其投去一个坚定的眼神或点头示意，能够向学生传递认可和表扬的信息，同时还对学生接下来的行为给予鼓励，这种师生之间默契的配合能激发学生的积极性，集中其注意力，提高学习效率。

（2）激励策略。激励策略是保持学生积极参与教学活动的一种方式，通过激励，学生学习动力得到激发，在主观能动性的正面驱使下产生学习欲望。激励策略可以使学生树立远大目标，激发和维持学生学习热情。

首先，教师要在保护学生自尊心的原则下给予激励，要对学生提出高目标、高要求，当然必须是学生通过努力可以达到的目标和要求，不能一味追求"高"而忽略学生实际情况。为实现预期目标，教师要协助学生制订和实施学习计划。对于结果，教师要保持稳定的心态，学生只要努力了，都值得得到教师充分的肯定和鼓励，即使学生没有达到理想成绩，教师也不应消极对待，而是要帮助学生分析原因，总结经验，从而帮助学生获得更大的进步。

其次，教师要鼓励学生自己拟定学习目标，培养学生独立性，帮助学生从心理上建立安全感；对于学生不喜欢的活动，教师不宜强迫，而是要遵循自主性原则，充分尊重学生；为培养学生责任感，教师要尽可能让学生对自身的行为给予自我评估，让学生为自身行为负责。

三、教学策略确立的依据和选择原则

（一）制定教学策略的依据

（1）教学内容和教学目标。内容和目标不同，运用的策略也不同。英语学科课堂内容丰富，阅读课、听说课、语法课和写作课，每种课堂类型适用的教学策略也各不相同。

（2）学生实际情况。教学策略的应用既要适应学生整体水平，又要照顾个体差异，还要结合学生学习能力、学习态度、整个班级学习氛围等诸多因素。

（3）教学时间和效率的要求。教学要提高教学效率和教学质量，实现教学效果最优化，要在最短的时间内完成最有效的教学。同时，教学策略的研究要使教师和学生能够在轻松愉快的氛围中开展教学活动。

（二）制定教学策略的原则

（1）能够激发学生的学习兴趣和动机。兴趣是英语学习最好的老师，浓厚的学习兴趣能够直接提高学生学习英语的自觉性和积极性，对英语学习效果有决定性作用。在英语学习过程中，学生基于兴趣产生求知的欲望，积极主动地投入英语学习中，从而提升英语的学习效率，因此，教师在教学过程中，要设计能够激发学生兴趣和动机的教学策略，从而提高课堂教学效率。

（2）促使学生完成学习目标。学习目标能够帮助学生发现现有差距，激发学生学习英语的动力，帮助学生明白努力的方向，使整个英语学习过程严谨高效。因此，教师在教学过程中，要注意设计能够帮助学生完成学习目标的教学策略，使学生获得达成目标的成就感，提高学习的积极性。

（3）促使学生参与教学活动并积极反馈。在教学过程中，英语教师要设计合适的教学策略，以引导学生积极参与教学活动，使学生能够集中精力、不断思考，不断向教师反馈信息。学生参与度是教师课堂教学把控能力的体现，为了进一步提高学生的课堂活跃度，教师制定教学策略时，要坚持促使学生参与教学活动并积极反馈的原则。

（4）关注个体差异。科学的英语教学策略不仅要照顾全体，还要尊重个体差异，尊重学生独特的认知，对于后进生而言，这一点更为重要。作为英语教师，一定不要给学生贴标签，而是要根据学生个体水平，因材施教，在教学过程中关注个体水平差异进而及时调整教学策略。

第三节　以学生为主体的教学设计

新课标理念强调学生是学习的主人，学生内在的学习动力是内因，教师的指导和帮助是外因，只有在内因和外因的积极配合下，教学活动才能取得显著效果。教学设计要紧紧围绕学生主体进行，从而激发学生学习热情，使其对知识能够举一反三、触类旁通。因此，本节将通过对英语教学模式和教学过程的分析解释以学生为主体的教学设计。

一、英语课堂常见教学模式

（一）PPP（presentation，practice，production）模式活动过程

（1）Presentation。新知呈现。教师通常借助实物（卡片、道具等）、图片、视频、TPR（动作反应）等方式呈现单词意义及用法，引导学生学习基本知识。

（2）Practice。语言练习。教师运用替换、单词连线、词汇接龙、表演等练习活动，帮助学生巩固对词汇的掌握。

（3）Production。语境运用。教师设置语境，让学生灵活运用所学词汇。例如，造句、自编对话、分组展示、故事情景剧、游戏（我画你猜、我做你猜、单词串烧）等活动，培养学生对词汇的语境运用能力。

（二）PWP（pre-learning，while-learning，post-learning）模式活动过程

（1）Pre-learning。学前阶段。在该阶段，教师将采用温故知新的方式激活学生旧知，为学生学习新知进行铺垫，并导入新课，引导学生猜测课堂内容，从而对新知产生期待和学习兴趣，学生无论从内容上还是从心理上都需做好学前准备。教师可提出问题引发学生思考，或独立思考或合作探究，教师需鼓励学生大胆推测，将学生注意力从关注结果转向关注过程。在引导和激励下学生探知欲被激发，从而引起学生想学习、积极学习的热情。

（2）While-learning。学中阶段。教师为学生提供必要指导，帮助学生获取有效信息并进行加工，将课堂内容有效吸收和内化。学生在多种推理过程与结论中，选择自己认为最合乎逻辑、最行之有效的一种。通过多角度分析问题，不但能够帮助学生拓宽知识面，还可以积累学科基本经验并培养良好的学习态度。

（3）Post-learning。学后阶段。学生将所学内容与自身感受结合，进行巩固提升，学以致用。通过对假设加以验证，巩固学生认知。验证可通过教师提问学生回答的方式，也可通过学生之间合作讨论进行。

（三）PPP 与 PWP 教学模式对比（表 2-1）

表 2-1　PPP与PWP教学模式对比

PPP教学模式	PWP教学模式
1.warming up/lead-in	1.warming up/lead-in
2.presentation	2.pre-learning while-learning
3.practice 4.production	3.post-learning
summary and homework	summary and homework

无论哪种教学模式，都旨在体现教师引导地位和学生主体地位。教师作为活动的组织者和发起者，要引导学生自觉自发学习，对语言认知主动探

索，并寻求解决问题的办法，通过总结语言内在规律，形成自己的概念。学生不再是被动接受者，而是积极参与，主动思考，充分发挥主观能动性，成为学习活动的主体。

这种教学切合教学实际，有利于培养学生探究思考的习惯和方法，使学生通过解决问题获取知识。学生通过自主学习与探究，总结归纳出相应法则和结论，这一过程有利于培养学生的学科素养。

二、优化英语教学课堂具体操作

（一）导入新课

导入新课是整个教学活动的开始，教师要充分发挥主导作用，发挥个人特长，影响并感染学生。教师通过具有吸引力的导入方式，激发学生求知欲望，帮助学生顺利从旧知联系到新知，并拓展相关学科知识，为课堂学习定向。学生通过导入对学习内容产生"我要学"的学习热情。

（二）提出问题，分析假设

作为教学过程的核心部分，提出和假设环节特别体现了学生的主体地位，体现学生的创新和实践能力，教师应充分发挥其组织调控的作用，对于学生的提问和假设可协助、可引导，但不可包办。

学生通过积极动手、动脑、动口探索知识内在特点与结构，加深对语言知识的感知、理解和运用。在实践活动中大胆尝试，提高自信。特别对于性格内向、不愿开口的学生，积极讨论、鼓励发言的方式既保护学生自尊，也帮助学生突破自己，勇于表达。

（三）深度挖掘—概括结论—验证假设

通过上一环节的分析假设，学生对所学内容已有整体掌握并构建出自己的学习框架，对前后知识衔接也做好充分准备。通过研究与学习，学生发现和体验了新的规则和原理。教师在本环节需要进一步引导学生探究发现，鼓励学生创新，实现语言的输出，充分引导和示范，为学生创新提供足够环境和空间。

学生能够运用所学知识与实际相结合，总结现有知识，发现新知，提出自己独特观点和见解。例如，对于记叙文，学生不但能掌握整个事件发生前因后果，还能结合其他学科知识对作者创作背景、写作目的深入分析，将主题进行升华；对于一些抒情散文、诗歌，学生能发现其中的韵律节奏并熟记经典优美语句，甚至能进行改写仿写。

（四）反思评价——巩固提高

为帮助学生理解记忆所学内容，教师通过启发和诱导，引导学生总结回顾旧知，教师要发挥示范作用为学生提供指导，让学生掌握方法并放手让学生大胆总结，要相信并尊重学生。在课上既可以采用师生总结，即教师以提问的方式，由浅入深，由易到难，带领学生回顾，也可以生生总结，即学生独立进行内容的概括和阐述。通过反思评价，学生能够独立总结思考，对所学内容进行梳理，建立框架意识，构建思维导图，使知识结构化系统化，区分重点内容并加以标记。通过不断练习使学生的思维能力逐渐得到提升。

第三章 基于阅读素养的英语阅读教学

英语阅读素养是英语核心素养中一项非常重要的基本技能，是学生通过阅读过程理解运用阅读材料的一种能力体现。在阅读过程中，学生运用合适的阅读策略，利用已有认知，通过查找相关信息理解阅读内容，进行信息的提取和主旨的概括。阅读素养引领英语课堂，因此，英语语言能力的培养应从阅读素养的培养开始。

第一节 英语阅读教学的基础理论和现状

英语阅读在英语教学中占有很重要的地位。从表面上看，阅读是信息的输入，但实际上读者在阅读书面材料时会依据自身的生活经历、文化知识背景，通过思考、理解，在接收信息的同时与作者在字里行间进行交流。[①] 培养学生英语阅读能力是英语阅读教学的首要任务，也是使学生掌握语言知识、打好语言基础、获取信息的重要渠道。

一、英语阅读模式

英语阅读，顾名思义，就是阅读用英文表达的书籍、期刊、文献、报纸等资料。英语阅读是学生基于已有的英语认知，结合特定阅读情境对阅读材料重新组织和更新现有认知的一个过程。阅读是英语教学的基础和中心，无论在英语学习还是英语教学中，阅读理论和方法都起着重要的指导作用。然而，人们对阅读过程认识不同，理解不同，在学习和教学中采取的方法也会不同。阅读过程取决于阅读模式，本书将阅读模式概括为以下三种。

---

① 陈维亮. 师道行远 点亮韶华 [M]. 长春：吉林人民出版社，2020.

（一）自下而上阅读模式

自下而上阅读模式也称为"文本驱动模式"，它是一种传统的阅读理解理论。该模式认为，阅读过程是一个始于文字、终于理解的过程。阅读者先要从辨认最基本的语言符号即对字母和单词的理解开始，逐步理解较大的语言单位，如，短语、句子、从句乃至段落及篇章的意义。

根据这个模式，理解一篇文章依赖于对构成这篇文章的句子的理解，对句子的理解依赖于对词组和语法的理解，而对词组语法的理解就离不开对字母的识别。那么，阅读理解的问题便归于语言知识的问题。依照自下而上模式理解阅读的过程，在教学过程中，教师的侧重点就是帮助学生解决语言方面的障碍，即弄清词汇、短语、句子含义，帮助学生逐字逐句进行阅读。

不难看出，这种模式驱动下的教学就很容易成为填鸭式教学，因为这种教学重点局限在字、词、句这样的线性理解层面上，忽视了学生可能会从语篇以外的其他地方，如已有的知识和经验中，提取有关信息并进行加工的能力。虽然语篇是以层次结构的形式把信息传递给读者的，但读者可以从多个角度提取并加工，以补充来自语篇的信息流。

所以，单一自下而上阅读模式容易让教学变得枯燥无味，不利于培养学生的发散性思维，也不利于学生阅读兴趣的培养。

（二）自上而下阅读模式

自上而下阅读模式也称为"图式驱动的阅读模式"，该模式强调以读者先前的知识和经验作用于阅读文本。它指出，在阅读过程中，阅读者依靠本人对英语学科已经掌握的词汇、句型、语法等知识对阅读材料进行预测、猜测，并在阅读过程中逐渐加以证实和修正。可见，它是以概念知识和背景知识为先导的，被认为是读者与文本，或者读者与作者之间互相对话的过程。[①]

在这种模式之下，阅读实际上是知识从理论到实践层面的实现。这种阅读模式不仅需要一定的知识储备，还需要相关的客观世界的背景文化知识，

---

① 王继红，邹玉梅，李桂莲.基于翻转课堂理论的英语教学改革与实践[M].北京：中国原子能出版社，2019.

如，历史、地理、经济、科技、哲学等。在阅读过程中遇到的问题可能是语言的问题，也可能是技能的问题，即如何结合对客观世界的认识和既有的知识去理解所阅读的材料。

读者不是被动接收信息，而是主动理解阅读材料，比较强调读者已掌握知识与技能在理解中的作用，激发读者主动在阅读材料中寻找阅读意义，有目的性和选择性。读者可只专注于实现他们的目的。同时，让阅读具有预见性，使读者已掌握知识与对理解的期望及阅读目的之间相互作用，预见阅读材料的内容。因此，在阅读教学中，教师要注重培养学生从阅读材料中寻找线索进行预测和验证的能力。

但是，该模式过分强调高层次的技能而忽视较低层次的能力，对于非熟练的英语读者而言，自上而下的模式不太适用。

（三）交互式阅读模式

无论是自下而上还是自上而下的阅读模式，都是把阅读过程看作一种单向信息传递的过程，而信息的处理和传递并非线性和单向，而是双向和交互的。

交互式阅读模式认为，阅读是自下而上和自上而下两种模式交叉进行的过程，阅读理解是视觉信息与非视觉信息共同作用的结果。在阅读过程中，自下而上的信息处理能够保证读者发现新的信息和不同于自己预测的信息，自上而下的信息处理能够推动读者在现有或有限的阅读水平之下对全文进行阅读，这有利于提升读者的宏观阅读能力。

在教学中，教师应根据学生基础水平和阅读目的善于引导学生进行阅读，以清除阅读障碍，明确学习目标，加快教学节奏，使学生在有限时间里学到更多的知识。

二、英语阅读教学现状

阅读教学的目的是让学生学会如何阅读，阅读教学不但要让学生掌握阅读技巧，而且要学习语言，让其了解语言所包含的文化。培养学生阅读能力是阅读教学关键内容，也是帮助学生打好语言基础、掌握语言知识的重要渠道，但目前阅读教学中仍存在一些问题。

（一）教师角度

（1）教学观念需更新。教师在教学中起着十分重要的作用，教师自身专业水平、教师教学理念会直接影响到课程设计。部分教师偏重知识的传授，倾向于学生应试技能的提高，仍然采用逐句翻译的方法，一味讲解基础知识，逐段分析，没有体现学生在课堂中的主体地位，教师只注重知识的讲解，缺乏培养学生阅读理解能力的意识。教学互动欠缺创新，大部分教学仍采取传统机械式方法：课前预习—课中听讲—课后复习。课前学生预习目标不明确，课中以教师为主体现象仍然明显，课后只是让学生单纯做习题，教师只关注习题的准确性，无法透过这种练习了解学生理解能力。

（2）阅读教材的选择机械化。阅读教材主要来源于英语教材中的"reading"部分，很多教师认为，教材是最规范的教学资料，最符合课程要求，于是深钻教材，过分细化教材中的阅读教学，一味遵循教材内容，思维固化，导致阅读材料过于单一。即使偶尔选择课外阅读材料，也没有顾及学生的实际能力水平，因此，选择过于盲目，要求忽高忽低。有时材料难度大，超出学生认知水平，导致学生因阅读困难而失去信心；有时候材料难度又太小，造成学生轻视阅读，认为不需要努力也可以达到阅读能力标准。此外，对于阅读主题的选择，教师可能没有充分考虑学生的年龄特点、生理特点、生活经验、情感体验、认知水平等，选择的材料不贴近学生生活，无法引起学生共鸣。

（3）阅读教材解读的简单化。在实施教学过程中，教师都会很重视对语言知识的讲解，面对阅读材料会找出其中的词汇和语法，对英语语用知识与语用意识关注较少。对于词汇和语法的教学脱离阅读材料，造成学生机械记忆单词和语法而不会应用。除了培养学生语用意识，在阅读教学中，教师还需要提升自身的语篇意识，在解读阅读材料时，应从语篇角度展开分析，了解材料其中的篇章含义、文化背景，对材料进行深层意思的解读，扩展学生思维方式，提高学生思维意识。但目前很多教师忽略对语篇的解读，导致学生对文章的理解受限，不能很好地提升阅读能力。此外，由于英语阅读材料也有体裁之分，记叙文、议论文、应用文等不同的文本结构，学生需要从整体角度进行分析阅读，这一方面需要加强。

（4）阅读课设计理想化。个别教师在设计课程时，对于英语阅读课教学的设计往往根据主观意愿及个人经验进行，对学生阅读兴趣、心理因素、学习动机等关注较少。有的教师习惯按照任务驱动法设计阅读课，由于缺乏对阅读内容的深入分析，学生体会语言情景时较为被动。除此之外，有时教师创设的情景生动性不足，使得英语阅读课教学效果并不理想。

（5）课后反思过于浅层化。部分教师在进行课后反思时，仅停留在发现问题上，对于解决问题的探讨与实践上不够主动，导致相同问题反复出现。另外，部分教师对于教学反思只停留在表层，没有进行深入反思，如，教师仅反思关于教学结果的问题，通过本节阅读课有没有完成教学任务，学生参与度如何等。课前导入是否引起了学生的兴趣？原因是什么？下一步怎么做？这些深入的问题往往被教师忽略。

（6）课后反思概括化。首先，很多教师的反思仅仅停留在发现问题，而并未真正解决问题，导致相同问题反复出现。其次，教学反思停留在表层，没有进行深入反思。教师往往对教学结果进行反思，例如，通过本节阅读课有没有完成教学任务，忽略了对本质问题的反思；又如，导入是否引起了学生兴趣？原因是什么？下一步怎么做？因此，反思也就不深刻。

（二）学生角度

（1）母语思维的影响。学生受母语思维方式与文化影响，未考虑汉英两种语言句子结构方面的差异。例如，表示某人有某物时，两种语言结构均可以"主 + 谓 + 宾"的方式呈现。但是，表示某处有某物时，句子结构却有很大差别。再如，在英语中，动词是句子的中心，通过对动词形态的变化来区分行为动作发生的时间。在英语中，句子只能有一个谓语动词，但可借助一些连接词构成整个句子。而汉语可通过多个动词连用方式按照时间先后顺序一一排列。

但是，有些学生对汉英句型结构掌握得不够熟练，学生在阅读过程中也不能很快抓住句子主干，导致阅读速度和效率低下。因此，英语阅读教学要加强文化思维方面的训练，除了让学生掌握足够多的语言知识，还要培养学生的跨文化意识。

（2）不良的阅读习惯。阅读效果直接受阅读习惯的影响，良好的阅读习惯能帮助学生提高阅读效率，在短时间内获得许多信息，而不良的阅读习惯则会严重影响学生的阅读效率。部分学生还存在指读现象，当然在小学阶段，为了集中小学生注意力，教师会引导学生指读，但随着年龄的增长，学生应摆脱依赖手指的习惯，尤其到了大学之后，指读会严重影响阅读的效率。

（3）阅读方法不合理，阅读效率低下。学生在阅读过程中，经常重复阅读前面读过的内容，其很大一部分原因是其不能快速获取文本信息，泛读习惯没有培养起来。学生局限于对单句的理解，缺乏整体把握文章的意识。偏向于自下而上的阅读，认为只有明白某个单词或某个句子，才能够掌握整篇文章大意，这种现象需要教师给予引导。

（4）学生背景知识欠缺。学生背景知识欠缺很大程度上制约着英语阅读教学的顺利开展。在英语学习中，不仅要学习语言的基本知识，而且还要了解英语国家的历史、文化、传统、风俗习俗及生活方式，以达到沟通思想、正确交流的目的。而缺乏知识背景的沟通可能会使双方疑惑不解，甚至处于尴尬的境地。

学习任何一门语言，不仅要学习其基本知识，还要了解其国家历史、文化、风俗习惯等，英语学习也是如此，这是因为英语国家与我国在文化方面存在很大差异。在学习中，缺乏文化背景知识也加大了学生在阅读理解上的困难。所以，学生文化背景知识的缺乏在很大程度上制约着学生学习语言知识。

（三）阅读教学

阅读教学是英语教学重要组成部分，但在教材和课程设计中，阅读教学目标和计划不够明确，这会影响阅读教学的整体效果。阅读能力的培养是一个循序渐进的过程，不同学段教材的侧重点不同，如，小学侧重词汇、中学偏重语法、大学侧重技能的训练，然而各阶段连贯性不太到位，缺乏必要的过渡。因此，对学生的阅读训练缺乏整体性。

第二节　认识有效英语阅读教学

日常教学中教师很容易认为阅读课就是读文章、做习题，习题准确率高说明学生阅读能力强。教师往往认为学生读懂并做对题目就可达到阅读教学的目的，这是对阅读教学的一个误解。阅读教学要以激发学生阅读兴趣，帮助学生掌握阅读方法和阅读策略为主要目标，更重要的是要引导学生从阅读中发现和提取有用的知识和信息。

一、英语阅读教学策略

英语阅读教学是否有效，很大程度上取决于教学策略的运用，常见阅读教学策略有以下六种。

（一）合作阅读

合作阅读是学生通过参与合作活动提高阅读兴趣、完成阅读目标、实现对阅读内容的认识、理解、归纳，扩充词汇，促进学生间合作的一种阅读策略，该策略能够帮助学生提高阅读理解能力，发展合作技巧，丰富学习内容。合作阅读对于水平不齐的班级尤为有效。

（1）读前准备。读前准备主要是对阅读内容、阅读环境等进行初步了解，学生利用既有知识和经验快速了解相关信息，掌握背景知识，为阅读做好知识和心理上的准备。

①头脑风暴法，讨论文章主题。教师运用多媒体播放相关图片或视频，吸引学生注意力，分组讨论文章主题，调动学生积极性。

②图片介绍背景，扫除阅读障碍。通过图片扫除阅读障碍是获取文章大意、提高阅读速度非常实用的方法，特别是在考试过程中受时间限制，当遇到陌生单词时，除了从语篇中获取充分信息量，从图片推测背景也能够为学生提供非常大的帮助。

③音乐欣赏激发阅读兴趣。音乐改善心情缓解压力，在教学过程中，除

了播放与教学内容相关的音乐，也可播放一些经典英文音乐，培养学生对英文歌曲的兴趣，这对于学习英语也会带来很大帮助。

④阅读相关话题并进行讨论。讨论是合作探究的一种方式。虽然阅读内容相同，学生的认识和见解却各有不同，学生通过讨论交流可以取长补短，互相学习。

⑤根据标题预测主题。标题是一篇文章最经典的提炼，文章标题往往就是它的主题。例如，*How to be a successful Language Learner*，很容易得知文章主题是在教学生如何更好学习一门语言。学生还可展开其他预测：学习语言的误区、现状、方法等。既是预测，就无所谓对错，只是帮助学生培养构建文章整体架构的能力。

⑥通过小测试和互动小游戏交代阅读背景。测试与游戏教学法在英语教学过程中非常常见，游戏能够极大调动学生学习兴趣和参与感。常见的游戏有你画我猜；你做我猜；传话游戏；大声小声。尤其对于英语基础薄弱的学生，英语学习兴趣比较淡薄，游戏教学法对这些学生是一种有效的教学手段。

（2）大意理解。教师引导学生整体感知语篇，了解文章大意，获取具体信息，培养阅读技巧，提高阅读能力。大意理解要求学生能够概括文章大意，并用自己的语言进行阐述。例如，记叙文的事件、地点、人物；议论文的主要观点；说明文的说明结构等。

在具体操作中，教师可先设置问题，提出要求，引导学生带着问题进行阅读，然后组织学生分组讨论，总结文章大意，结合小组活动情况请学生发表意见，并组织小组间的互评活动，发表各小组或成员的不同意见。

（3）细节阅读。细节阅读主要是为帮助学生理解阅读内容并进行分析。以往教师对该阶段常用的方法是理解问答、判断对错、翻译等，但此方法只能考查学生是否读懂文章内容，无法帮助学生提高自身理解能力。因此，教师在此阶段需为学生提供必要指导，使学生能够有效提取信息并进行加工，概括阅读内容，阐述对文章的理解，将内容有效吸收和内化。在阅读材料时，为让学生深入理解文章，监控和训练学生阅读理解能力。

通过细节阅读，学生可以明确自己已理解的内容和不理解的内容，进而采取一定方法帮助理解。常见方法如下。

①阅读句子，捕捉关键词加以理解。

②阅读上下句，猜测词义，寻找线索。

③拆分单词，通过找出其前缀、后缀或合成部分，理解单词。

④"捉迷藏"捕捉关键信息。

⑤教师利用英语解析英语，让学生猜出生词的词义。

⑥形式练习：连线，填表格，判断对错或课后练习，制作思维导图。

⑦教师设置问题，引导学生发现文本中的具体信息。

（4）巩固。读后阶段，学生将所读内容与自身感受结合，对内容巩固提升并加以应用，促进学生理解记忆。教师往往采用逐句翻译课文的方式，这不能够为学生提供机会去使用语言。该阶段活动设计对教师是一个很大的挑战，既要使活动与教学内容关联，还要使活动适合学生的语言水平。通过设置语境，提升学生语言的综合运用能力。常见活动方法有以下五种。

①角色表演。这种方法比较适用于低龄段学生，学习内容相对简单，对话内容较多。低龄段学生爱表现自己，这种方式能使他们摆脱单把注意力集中在课本上的状况，能够帮助他们把知识运用到实际生活中。由于学生在该阶段教学需要记忆背诵的内容较多，这种方法也能够帮助其快速记住所学内容。

②同步拓展阅读。进入大学阶段，课程标准对学生阅读量、阅读速度、阅读知识面的要求明显加大，学生不能再单单依靠课本内容，需要逐步摆脱对教师的依靠，自发学习，主动积累，有意识地拓宽知识面。教师要为学生提供多种阅读渠道。例如，不定期张贴一些文章，文章内容可以是西方文化节日或是人物传记方面的，加上一些名人名言或者励志谚语等。所有阅读材料都尽量与教材内容相关。

③复述文章—情境再现。复述文章是在阅读理解基础上对学生要求的一个新高度，不但锻炼学生对文章的理解和把握，而且锻炼学生将语言进行输出的能力。在无法熟记原文的情况下，学生需要快速提炼文章大意，自行组织语言进行表述。在进行这项思维训练时，学生能把自己放于情境之中，从而加深对原文的印象。

④缩写、续写、改写。让学生对所学知识进行缩写、续写、改写，可以帮助学生加深阅读理解，在练习过程中会涉及所学的词汇、语法、句型结构，从而帮助学生掌握知识。教师可分层布置练习任务并提供丰富多彩的辅助材料，如，相关的图片、视频、故事、情节等，充分发挥学生联想力和创造力，从而对所学知识灵活运用。

⑤其他活动。做游戏、辩论赛、情景剧等。

（二）互惠阅读

互惠阅读是将学生置于主导地位的一种有效的阅读教学策略。具体过程为阅读前让学生简单了解阅读技能，即概括技能、提问技能、析疑技能、预测技能。然后教师选一部分内容与学生一起默读，并结合已阅读内容为学生示范四种阅读技巧，教会学生如何概述阅读材料、如何提问、如何预测下文并对有疑惑的细节进行析疑。教师可展示适用于各类技能练习的问题，使学生清楚四种技能的操作，如：

通过自问示范：问题是什么？解决办法是什么？原因是什么？产生什么影响？事件发生的顺序是什么？

析疑：某一词汇是什么意思？作者的真实意图是什么？

预测：下一步作者将提到什么？接下来会发生什么？

通过以上示范，学生基本能够理解四种阅读技能。在此基础上，教师鼓励学生扮演教师角色进行提问，或组织学生教师轮流提问。

互惠阅读的方式能够使学生对所学内容充满好奇，不断引发学生思考，充分发挥学生自主学习、合作探究的精神。同时，也增强了师生之间的交流，培养师生之间感情。

（三）学习日志

学习日志是让学生在阅读过程中列举关键词，并记录自己对关键词的理解或其他认识的阅读方式。在学生完成学习日志后，教师可组织学生就自己的学习笔记展开讨论。这种教学策略能够增强学生对文章结构的整体意识，从而乐于参与到课堂讨论之中。学生也能够通过自己的理解与文章真实意思进行对比，证实个人观点或找出个人差距，使接下来的学习更具有针对性。

（四）同伴指导

同伴指导是学生之间通过教师角色的充当和互换，相互指导，培养阅读能力的一种方式。教师根据学生程度的差异将学生进行分组，每组学生之间程度各不相同，由学生之间共同商量教师和学生角色，其中充当教师角色的学生，针对同伴提出的问题进行回答，对其学习理解给予纠正，对学习方法进行指导，帮助同伴解决学习中的各种困难。通过同伴指导，学生自尊心得到维护，自信心得到极大增强。该策略在阅读教学中效果明显，被广泛使用。

（五）同伴阅读

同伴阅读的具体过程：教师按两人一组的方法将学生分成若干组，小组两位成员进行同伴阅读，一问一读。首先，由一名小组成员针对对方阅读内容提问，对方回答问题后，提问方根据对方回答进一步提问，直到无问题可问；其次，回答方则根据提问从阅读中快速找答案，根据问题选择合适的阅读方式，或通读，或精读，或跳读，以能找到答案为最终目的。这就锻炼了学生对阅读技巧的使用；最后，由教师提问，再由提问方回答，通过教师评估检测学生对文章信息的获取能力。

同伴阅读需要注意的是，教师要根据学生提问能力来设定提问的问题，如果学生不具备提问能力或对问题的设定不够准确，也可由教师提前为学生准备好问题，问题的设定以加深学生对阅读内容理解、掌握整体内容结构为前提。同伴阅读过程中，回答问题的学生只有在听到对方提问时才可以开始阅读。教师要注意活动整体时间和每位学生个人时间的安排，对阅读活动提供有效指引，使阅读活动更高效，学生参与度更高。

（六）自选阅读

自选阅读即学生自己选择阅读材料，并以自己喜欢的方式阅读，学生选择的材料为其个人感兴趣或喜欢的材料。首先，教师安排阅读任务，可以让学生对阅读内容进行总结，也可让学生介绍感兴趣的细节等；其次，安排学生就所选材料进行阅读；最后，学生阅读完成后，教师要检查学生的阅读情况，还要引导学生从阅读活动中总结经验，方式为先组织学生根据阅读内容与他人进行分享与讨论，对个人阅读方式进行总结，通过总结与分享，提高学生阅读技能及对阅读策略的重视。自选阅读能够体现学生的阅读倾向，反映学生阅读习惯。在自选阅读活动中，学生选择范围广，阅读材料更加丰富，学生之间通过讨论交流能够拓宽其阅读视野，培养对不同材料的阅读兴趣。

二、英语阅读教学的原则

不同的教师，不同的学生，不同的条件、环境、教学目标、教学方式等，反映在教学上，必然演化出各种各样的教学活动，阅读教学也不例外。但在进行各种各样的英语阅读教学活动时，有一些原则是必须要遵守的。

（一）选择合适的阅读教学模式

在本章第一节已经介绍过英语阅读的三种模式：自上而下、自下而上和交互阅读三种阅读模式。通过分析可知，无论是自上而下还是自下而上的阅读模式都有其自身不可避免的局限性。因此，在阅读教学中，教师应根据学生实际情况选择适合的阅读模式。阅读教学顺利进行的前提是激发学生的阅读兴趣。对学生而言，他们更多关注的是故事本身而非构成故事的语言知识，为了保持学生的阅读兴趣，阅读教学不宜太偏重语言知识，而是应结合学生实际情况灵活地将自上而下和自下而上两种阅读模式相结合，交互应用。

（二）尽早开展阅读教学

阅读内容和体裁广泛，内容上，阅读既包括单词短语，也包括语句语篇，既可是对话也可是独白；体裁上，既可是记叙说明，也可是抒情议论，或散文诗歌等。从学生接触英文字母开始，其阅读行为就已经开始。阅读需要积累，需要练习，阅读习惯需要培养，因此，教师应尽早对学生进行阅读教学，帮助他们建立和保持良好的阅读习惯，培养阅读技巧，通过练习积累奠定阅读和语言基础，使他们能够尽早成为流畅的阅读者。

（三）合理设计教学步骤

阅读教学分为三个阶段：阅读前的准备阶段、阅读活动开展阶段和阅读后的总结阶段，三个阶段构成一个完整的阅读教学过程。在这三个阶段中，学生既要从整体把握语篇知识，提升快速阅读和泛读的阅读技能，也要对语篇深入分析，提升精读的阅读技能；既要运用基本的词汇语法知识，又要运用整体架构的分析能力。因此，通过该三个阶段的综合训练，学生无论语言技巧还是阅读技巧都能得到提升。

阅读前准备阶段，即教学导入阶段，教师将引出主题内容，激活阅读材料的背景知识，引导学生提前学习新词汇，保证学生阅读过程中没有语言障碍，使阅读活动更为顺畅。阅读活动开展阶段以学生阅读为主，教师通过设定问题，组织学生个人学习和小组讨论，在学生解决问题的过程中加深对文章的理解。此阶段通常需要学生对内容进行两遍以上阅读。第一遍阅读由教师针对文章大意提出问题，学生对文章整体进行通读，旨在获取文章主题，概括文章大意；第二遍阅读由教师针对文章细节设置较为深入的问题，引导学生挖掘文章内在联系，逻辑关系等。如果有必要，还可让学生进行第三遍阅读，深入体会作者的写作意图、写作手法，升华文章主题。阅读后的总结阶段，教师对学生整体阅读活动进行检测和评估，可以设置练习题，也可采取讨论形式，由学生自行整理思路，结合已有知识和经验将阅读内容进行关联、联想及输出，将阅读内容运用到具体生活，达到学以致用的目的。

三、实现英语教学目标

（一）情感态度教学目标

情感态度包括学习兴趣、学习动机、意志力、自信心，以及合作精神、爱国意识、国际视野等。这些情感态度，既会影响学生学习，也会影响学生的价值取向。

教学活动中，教师可通过词句学习引导学生感知情感，如，对于人物传记类文章的学习，可让学生找出文章中描写主人公性格、特点、感受、经历的词句，在此过程中学生可以发现主人公身上的亮点及个人魅力，使学生的心灵和思想无形之中受到熏陶。教师也可以引导学生根据文章进行表演，让学生利用各种器官感知语言背后承载的情感态度，同时增加学生的学习兴趣。

（二）阅读技能教学目标

听、说、读、写是人类语言活动需要的主要技能，只有这四种技能全面发展，学生才能够运用英语轻松交流，达到交际的目的。因此，在阅读教学中，教师可以将以上四种活动进行有效结合，如，在导入环节让学生听英文歌，或者观看英语视频，让学生很快进入阅读状态，为阅读做准备，实现听与读的结合；阅读过程中，教师可让学生记录关键词，归纳文章大意，实现读与写的结合；阅读后，教师可让学生回答问题，或选择优美语句朗读，也可进行角色扮演等，实现读与说的结合。这样，一篇文章的学习中就融合了四种活动，这比单一阅读活动给学生留下的印象要深刻得多。

（三）文化意识教学目标

每个国家和地区都有各自的人文地理和传统习俗，有自己独特的生活方式和文化艺术、价值观念、行为规范等。我们和西方人在思维上有很大不同，学生了解和掌握西方国家的背景知识，才能够在阅读过程中进行合理的判断推理，避免懂词不懂义的无效阅读。我国与西方国家在历史文化、思想观念、生活行为习惯、礼仪礼节上存在很大差异。我国历史源远流长，有"仪礼之邦"的雅称，"礼"字当先的观念造就了我们含蓄委婉的待人接物之习俗；而西方文化的表达往往简短直接。此外，在生活习惯、饮食习惯等方面也存在很大差异。例如，我国的交通规则是靠右行驶，而西方有的国家的交通规则是靠左行驶；红色在我国代表"喜庆"和"吉祥"，在西方国家却代表"危险"和"愤怒"；我们习惯吃热食或熟食，而西方人偏向于冷食等。

这些文化背景知识在学生学习英语时，在无形之中产生一种阻碍。学生若不掌握大量的文化背景知识，在学习英语过程中可能会遇到很大困难。想要更好地理解英语文章，对历史文化背景的了解是必不可少的。这就要求学生在平时生活中多积累，加强课外阅读，教师也应为学生提供更适合的读物，拓宽学生知识面。在教学过程中，教师需要对相关背景做简单介绍，帮助学生理解。同时，教师要结合学生的年龄和认知特点，积极利用教材中的课文及相关阅读资料，逐步扩展文化知识的内容和范围，增加学生对背景文化的了解。

第三节 体现阅读素养的阅读教学

阅读素养是公共素养的核心，表达素养、信息素养、审美素养等的培养都要以阅读素养为基础，没有阅读，表达就会失去依托。[①] 培养学生阅读素养是阅读教学的重中之重，也是阅读教学中教师应始终把握的原则和方向。

一、阅读素养的内涵

阅读素养是指学生理解与运用书面语言来实现个人目标、形成个人知识、积极参与社会活动，并对信息进行正确理解、运用和反思的能力。阅读素养的形成与提升，要求学生要有阅读意识，有一定的知识储备，也要掌握一定的阅读技巧和方法。阅读素养是公共素养的核心内容，是学生终身发展的必备素养，也是未来学习的主要渠道。

英语阅读素养可以界定为读者通过体验阅读过程，理解、运用、反思阅读材料的素养。[②] 理解阅读材料即通过查找相关信息，理解细节主旨，必要时进行直接推论；运用阅读材料即利用理解的信息解释原因、整合观点和信息；反思阅读材料即思考文本体裁、评判相关信息、提炼个人观点、学习表达方法。

英语阅读素养在英语核心素养中占据重要位置。王蔷指出，英语阅读素养是"素质＋养成"的统一体，阅读素养主要包含两个要素，第一个要素是理解阅读材料的能力，它一方面包括音素意识、拼读能力、解码能力、阅读流畅度，以及词汇、语法和语篇知识等，另一方面包括思维能力、文化意识、阅读策略等。第二个要素是阅读品格，即在阅读中养成习惯，把阅读当作自己生活的一部分，在阅读中既学习知识，又获得自我满足感和成就感。[③]

[①] 杜志华.基于核心素养培育的校本课程体系设计与实施研究 [M].长春：吉林人民出版社，2020.

[②] 葛炳芳等.英语阅读课堂教学 [M].北京：外语教学与研究出版社，2019.

[③] 黄远振.英语阅读教学与思维发展 [M].南宁：广西教育出版社，2019.

二、教学过程中落实阅读素养的方法

（一）创造性整合教学资源

传统观念认为，教材是教学的中心，教学活动都要围绕教材开展和进行，教学评价也以教师是否完成教材内容的讲解和学生是否掌握教材知识为标准。通过对教学资源的整合，教师能够发现新的教学思路，改变传统教学观念，对教材的利用更加灵活，能够在教材内容基础上，结合教学标准思考和开发更多有利的教学资源。同时，教师的教学理念也受到启发和更新，教师更加注重对学生创新能力和学习能力的培养，这种教学观念更加符合新课程标准的要求。

创造性整合教学资源是以教材语篇资源为基础，有效利用教学媒体，将文字与歌曲、视频、图片等更多样、更动态化的教学形式相结合，创造多模态的语篇类型。在整合资源的过程中，教师要考虑语言的实用性和文化的传递性，认真研究并分析教材语篇知识和文化内涵，寻找更丰富的教学资源。在教学过程中，教师要充分考虑学生对语言知识的接受和掌握程度，关注学生是否能感悟语篇所传递的文化知识。

（二）教学资源整合原则

（1）"以学生为中心"原则。课程资源整合要始终围绕学生学习英语的兴趣和动机而开展，从课程决策规划到实施改进，教师都要考虑学生实际需求，关注影响学生学习的各类资源，包括知识、能力、兴趣、心理等。通过资源整合，教学资源不仅丰富教师教学内容，还成为学生真正需要的资源，为学生提供建构对象，让学生成为知识的主动建构者，成为学习的中心。让教学媒体从一种教学手段转变为创设情境的工具，协助学生开展活动，促进学生积极探索。

（2）开放性原则。教师要以开放的心态和眼光对待并审视人类文明成果和周围的事物，不管课程资源是什么类型，是校内还是校外，是国内还是国外，只要有利于教学，有助于学生积累知识和提高学习技能，都可以加以整合利用。

（3）前瞻性原则。课程资源整合需要密切联系学生需求，关注其终身学习和长远发展，培养学生不断发展和探索的精神，使学生的可持续发展适应未来社会的发展。因此，教师在整合课程资源的过程中要密切关注社会热点话题，紧跟社会发展动态，积极吸收影响力大、引领科技发展的重要素材，这样才能不断引导学生，使他们对新生事物产生浓厚兴趣，培养和提高学生的创新意识，使学生学会学习，从而适应快速发展的时代要求。

（4）经济性原则。整合资源的过程要考虑时间、空间等各方面因素，尽量做到低投入、高产出。首先，充分利用互联网信息，不仅可获得全国各地各校先进教学经验和优秀教学案例，也可吸收国外先进教学模式和教学经验，在减少人员物资等流动成本的基础上快速提取教学可利用资源，实现经费和空间的经济性原则；其次，整合资源还要注意时间的经济性，资源内容要立足于现实，不能坐等机会，而是把握一切时机开发适于当前教学可实用的资源；最后，整合资源要以学生兴趣为导向，要能够提高学生积极性，即要整合现实可用的资源，使资源整合具备学习性。

（5）适应性原则。适应性原则指整合的课程资源要能够满足教育的需求，能给英语教学提供更为丰富适用的内容，更好地服务于教学，使教师和学生都能够从中获取所需信息并受益，实现资源本身的利用价值。因此，教师在整合资源前要进行需求分析，根据实际情况对资源进行合理筛选，对所筛选内容进行专业科学地分析，依据学生年龄特征和认知基础确定资源形式和选择范围，并结合教学实际情况确定主题。

（6）优先性原则。科技促进了国际交流与合作，社会的发展迫使学生学习内容日益增多。学校教育已不能满足知识更新速度对学生的要求，书本知识仅能为学生提供一部分知识需求，学生除了在学校接受教育，还要参与人际交流，融入社会，抓住一切机会学习提升。因此，资源整合必须突出重点，在课程范围内优先选择当下学生最迫切需要的知识，快速服务于学生。

（7）规范性原则。教学改革不断突出学生主体地位，强调学生在知识建构过程中的主体作用，教师在教学活动中只起引导和组织的作用，而学生选择什么资源，如何运用所选资源完全由自己决定，教师不再是权威。但是，毕竟学生在语言知识方面水平有限，对于资源中的一些瑕疵或者错误可能无法鉴别，在缺乏教师指导的情况下可能会摄入错误的信息，对学习带来不良影响。因此，教师在整合资源时要确保资源中的规范性和科学性，确保资源不存在错误的语言知识，不会误导学生。

（三）树立以学生为主体的英语学习活动观

教师要充分了解阅读材料，掌握文本特点，挖掘文本内涵，设计符合学生语言水平的有趣的课堂，将语言学习、技能训练、思维意识和文化意识融合在一起，引导学生在理解文本的同时合理使用有效的学习策略，培养学生阅读技能，尊重其个体差异，让每位学生都参与课堂活动，在活动中获得锻炼和提升。

（1）自由交谈。自由交谈指在课堂开始给学生一个话题，这个话题通常是学生熟悉的或者刚学过的内容，让学生之间自由交谈，让学生带着轻松愉快的感觉进入课堂，同时起到复习巩固的作用。

（2）明确教学目标。教学目标是整个教学活动的出发点和归宿，教学目标为学生确立学习的方向。通过自由交谈和课堂导入，教师简洁明了地向学生呈现学习目标，明确需要掌握的内容，然后详细地给出自学指导，组织学生学习和讨论，学习指导包括学习形式，如，默读还是朗读，快速阅读还是精读；时间要求；分组形式；回答方式。

（3）自学和讨论。目标明确后，学生可以确定学习方向，展开自学和讨论，这是体现学生主体性的重要环节。此时教师可以通过巡视了解学情，随时解决学生讨论中遇到的问题。学生通过自学可以理解大部分知识，因为每堂课内容大部分都是新知和旧知的结合，在温习旧知的过程中激发学生对新知的好奇和探索，在讨论过程中培养学生合作解决问题的能力和精神，并激活学生的求异思维，培养其创新意识，达到共同提高的目的。

（4）答疑。答疑环节是体现教师主导地位的重要环节，学生通过自学、讨论仍然不能解决的问题，应让全班同学一起思考，教师可采取提问的方式先由学生回答后由教师补充，若学生都无法回答，则教师应重点讲解这个问题所涉及的知识。讲解过程教师可由常式到变式，由个别到一般规律，引导学生反复推敲，达到彻底理解和掌握新知的目的。

（5）练习。练习环节也是学生展示自我的环节，教师要围绕教学目标设计针对性练习，以此检验学生知识掌握情况。练习要突出重点内容，加深学生对重点内容的理解和巩固。练习也要具有层次性，要照顾每位学生的知识需求和心理需求。针对学生回答，既可采取教师评价的方式，也可采取学生评价的方式，学生评价可以使学生之间形成互助互学的良好学习氛围。练习可包括机械练习，如，背诵课文对话、对话表演、能力练习，也包括根据内容自编对话并表演等。练习的形式多种多样，还可以组织小组比赛、男女生比赛等，从而培养学生互助意识和竞争意识。

（6）自测自结。练习结束后就要对知识进行巩固，以达到知识的升华。教师可指定不同形式的练习，如填空、判断，形式不同但目的一致，帮助学生检查对知识的掌握程度。自测后便是自结，即学生自己回忆总结本堂课的内容和掌握情况，分享学习方法和学习启示等，让学生畅所欲言，最后由教师带领学生总结归纳。

（四）有关阅读教学设计的建议

（1）擅用信息进行猜测。教师要引导学生掌握阅读技巧，阅读的关键不要停留在单词单句上，而是要放眼整篇文章。这需要学生从各个方面提取有利于阅读往下进行的有效因素。根据标题或者图片进行猜测，可帮助学生快速了解文章大意，尤其是图片，色彩鲜明的图片对视觉上的冲击能够调动学生猜测推理的主动性。但既然是猜测，就有可能正确也可能偏离或者错误，这是正常的。

（2）明确目标。教师对每一遍阅读都要明确目标。通常第一遍阅读目的在于对文章大意的了解掌握。以记叙性文章为例，第一遍阅读可归纳文章时间、人物、地点及主要事件；第二遍阅读是针对性阅读，教师需提出相应问题引导学生深入理解文章细节，如，事情发生的起因、过程、结果。

在教学中，教师可根据具体情况安排第三遍阅读，或是重点段落或语句的阅读。例如，抒情类文章，对于其中的优美语句，需要学生反复阅读感受句中的美感；又如，含有新句型的语句，需要学生反复阅读加强对新句型的理解、掌握和运用。

（3）分层布置阅读任务。学生之间存在个体差异，这要求教师在布置任务时采取分层方式，对于成绩较好的学生可安排拔高的任务，激发学生思考；对于成绩稍差的学生需要根据具体情况布置基础任务，保护学生自尊心，提高学习兴趣。

第四节　基于语篇分析的阅读教学及案例分析

语篇分析（discourse analysis）是美国语言学家哈里斯（Z. Harris）于1952年首先提出的一个术语，后来被广泛用于社会语言学、语言哲学、语用学、符号学、语篇语言学等领域。[①] 语篇分析就是分析一段话或文章，以及分析说话的场合（语境）和文章的语言结构、文化特征、交际方式及语境特征。英语阅读教学通常通过语篇分析来进行。

基于语篇分析的英语阅读教学是将阅读材料视为一个整体而组织和实施的教学。这种教学方式替代以往的"语句翻译式"教学方式。从宏观层面来讲，它是对语篇整体的分析、理解和把握，包括整体架构思路、中心思想等；从微观层面来讲，它是从语言最小单位词汇着手，进而对短语、句子、段落及其之间内在联系以及逻辑层次的分析。英语阅读教学过程中，教师应将宏观分析和微观分析相互结合。基于语篇分析的英语阅读教学包括对语篇模式、语篇语境、语篇衔接性、语篇连贯性、语义潜势五个方面。

一、语篇模式

每种语言都有其不同的思维模式，这种思维模式影响着语言本身的结构。汉英两种语言在思维模式和句子结构上有着很大差异。因此，两种语言的篇章模式也存在较大差异。英语常见语篇模式如下：

（1）概括—具体模式，即从总到分的语篇模式。这是英语中最常见的语篇模式。

---

① 孙致礼.新编英汉翻译教程[M].上海：上海外语教育出版社，2018.

（2）问题—解决模式，即先提出问题或说明情况，再解决问题做出评价。

（3）主张—反对模式，即先提出主张和观点，再说明作者个人主张和观点。

（4）叙述模式，即按时间顺序对时间进行描述。

二、语篇环境

语篇环境通常被称为上下文，也就是前后文，即句子所在的语言环境，抑或是文化环境。例如，中国人在受到表扬或称赞的时候往往表现得十分谦虚，这置于西方文化中常常会让人感到迷惑不解。语言环境注重前后言语、上下文对某一语言使用的影响。语言背景指语篇体现的特定背景如参与人物、主要事件、相关事物等，包括语篇内部和外部所有环境因素；文化环境代表着语篇所在环境内人们的生活方式、风俗习惯、思维模式等。三者对语篇的理解和解读都有着非常重要的意义。

三、语篇衔接性

语篇模式和语篇环境都属于宏观层面的语篇分析。在阅读教学中，教师还需要引导学生对语篇内部结构进行分析，也就是语篇微观分析。也就是说，把语篇中句子之间、段落之间，按照一定的语法规则进行组合。语篇衔接可以通过词汇，也可以通过语法。

四、语篇连贯性

语篇各个部分之间要有一定的连接性。首先，各部分之间意义上有关联；其次，各部分的主题意义与整体主题要求符合；最后，篇章各部分之间情境关联。语篇连接的主要目的是使篇章形成一个语义完整的整体，所以从微观层面上，各个语言单位之间应形成一个整体。

连接与连贯是紧密相关的。连接可以通过词汇、语法、逻辑等具体语言标记来体现，它所表现的是语篇形式上的整体性和一致性。连贯表现的则是语篇在意义层面的整体性和一致性，它很有可能无法通过显性的语言符号来体现，甚至需要一定的逻辑推理来实现，但缺失了连贯性的语篇会失去交际意义。

五、语义潜势

语篇分析过程包括三个层次，每个层次的解读所获得意义都有所不同。首先，读者需要读懂文字表面信息所承载的意义，这一层解读所获得的是语篇字面意思的理解；其次，读者需要在理解文本字面意思的基础上，结合自身已有的社会文化经历、语篇的特定环境及个人心理因素等方面，进行语篇的运用解读，也就是字面背后所承载的作者的写作目的；最后，读者需要将前两者相结合并进一步解读，将文本所承载的意义纳入读者已有的认知结构，完成对整个文本的解读。

第四章　基于写作素养的英语写作教学

写作素养是学生写作过程中必须具备的素质和修养，写作素养体现着学生的思想、知识、阅读、意志、情感、兴趣等多个方面，写作能力的培养和提高，有赖于语言基础、写作技巧和实践，教师应充分调动学生的积极性，创造良好的课内课外环境，促进学生写作能力的提升。

第一节　英语写作教学的基础理论和现状

英语写作能力一直是我国学生英语学习较薄弱的一个环节，多数学生在写作时感到无从下手，无章可循。而写作教学之难在外语教学中也是公认的。本节将重点分析与英语写作教学相关的理论及教学现状，为提升写作教学提供有效依据。

一、英语写作教学基础理论

写作是综合技能与能力的一种体现，要求作者明确表达内容，同时准确使用语句和词汇的用法以及标点符号。相对口语而言，写作要求完整的语句表达，且前后连贯。英语写作教学历史悠久，国内外也出现多种流派，每一流派都从各自角度对写作教学予以界定，但英语写作教学在教学中一直处于次要地位。为使英语写作教学得到更好发展，教师需要对不同理论指导的教学有一个较为全面的了解。

（一）建构主义理论

支持建构主义的学者认为，学习者在学习情境之中，通过与他人的交流与协作，在形成自己意义框架的基础上获取知识。① 知识并非被动地被感知认识，而应是学生主动地在意义的架构上所习得的。在整个学习的过程，一方面是对新知识体系的构建；另一方面是重新组织与梳理学生现有知识与经验的过程。在这一过程中，学生是学习的主体，而教师只起到辅助作用，因此，在教学过程中，教师应当更多地联系实际情境，解决学生遇到的实际问题。用于练习写作的话题应贴近实际情境，因为每个学生经历不同，每个人所创作的内容也不同，通过学生之间分享经验就写作内容获得新的认识，从而激发学生的创造性。

建构主义强调学习者的主动性、创新性和自我管理，提出情境教学、合作讨论等教学策略，对教育改革有深远意义。但该主义也存在一定的片面性，在教育初级阶段，知识的普遍性和确定性也应该被关注，它们是教育中必不可少的。

（二）合作学习理论

合作学习理论基于合作学习目标的设定以及合作学习效果的评估，为每位学生提供发言的机会，提高学生学习的积极性。同时，学习小组共同目标的推进能够帮助学生创造积极的人际关系。合作学习的宗旨就是要让学生在教学实践活动中充分发挥其主体性，充分肯定学生是一个具有独立意志和独特思想的主体性的人。② 在英语写作教学中，合作学习理论体现在以学生为主体、教师为指导的创新教学方式。通过合作学习，学生积极性得到激发，学生能有效发挥各自的学习特长并且互帮互助，既培养锻炼学生的交际能力，又增进学生之间友谊。但在教学组织过程中也有一些问题需要注意。

（1）合作学习的恰当时机。合作学习应该在学生有讨论欲望和热情时进行。在写作教学课堂中，学生在练习英语写作时经常会遇到脑海中有思路和词汇，却不知如何表达的情况，即话到嘴边不会说。受汉语思维的影响，部分学生会出现个别的错误，此时学生会对自己的意识和思维产生怀疑并且不

---

① 张晓青.唤醒教育[M].北京：中国商务出版社，2020.

② 丁海波，赵智宇，李秀香.和谐 合作 发展[M].天津：天津科学技术出版社，2019.

够自信，会非常希望从他人的语言组织中得到启发。而在小组合作的过程中，通过他人对自己的评价与帮助，学生的已有水平能够得到验证及肯定，这会帮助学生极大提高自信心和对英语写作的兴趣。另外，在提及热门话题时，学生之间思维观点和认知差异比较大，这更加成为学生讨论的动力。在这个过程中，学生思路相互碰撞，使学生的思维积极性、主动性、语言表达的完整性、准确性都可以得到提高。

（2）合作学习的目标和内容。在合作学习前教师一定要向学生明确合作学习的目标及讨论内容。目标导向性帮助学生不至于偏离主题而使讨论学习失去意义。讨论内容的设定也需要教师根据教学内容合理设定，因为并不是所有内容都适合合作学习。通常有思考价值、开放性和探索性较强、空间大的主题比较适合学生进行合作学习。

（3）个人目标设定和小组奖励并行。教师应对学生的个人能力进行准确评估，根据每位学生的差异和特点安排个人学习任务。在此基础上安排合作学习，激励小组共同完成目标。

（4）分组安排合理化。小组成员之间必须优劣结合，取长补短。小组成员在学习水平、性格、背景知识、经验能力等方面都存在差异，成员之间可以相互帮助，互为补充，从而达到效益最大化。

（三）人本主义理论

人本主义注重人性的发展，注重启发学习者运用已有经验激发潜能，引导其肯定自我、实现自我。人本主义理论倡导有意义的自由学习观，即将知识与个人兴趣与价值相结合。该理论认为英语写作教学的主要目的是培养学生创新性，应注重学生知识经验的学习，鼓励学生将已有认知和经验与自身需求相结合，积极面对问题并解决问题，要求教师系统提供教学资料以便学生获取更多认知经验。

从人本主义理论的角度，学生具有独立人格和自我意识，需要实现自我价值。教师的任务是帮助学生培养健康的人格，写作中将学生置于全面开放的体系之中，学生才可能对写作题材进行淋漓尽致的创作。

人本主义强调学生学习的内在动机，强调学生主体地位的重要性。但是，该主义过于偏重学生情感问题，淡化教师的作用，需要教师全面理解与借鉴该理论。

（四）错误分析理论

错误分析理论是通过分析学生在英语学习中出现的错误来进一步研究教学适宜的学习策略和产生错误的原因。错误分析理论认为人脑存在先天的对语言的处理机制。在学习外语的过程中，学习者自发构建目的语和母语之间的中介语。中介语越接近目的语，说明学习者对目的语掌握水平越高。这个过程中学习者难免会存在一些错误，但这种错误正是学习者创造性的体现，不应受到指责。

学习者的错误不是标记，而是学习语言发展的证据。教师观察和分析出现的错误，能够了解学习者使用的学习策略和其使用中介语的发展过程。因此，错误分析理论是教师和学生的一种分析评价工具，能够帮助教师和学生发现语言学习过程中的存在的问题。

错误分析理论要求教师对学生出现的错误进行搜集和分类，包括学生由于英语句型结构语法知识掌握不够而产生的语内错误和将母语思维带入外语而错误使用所产生的语际错误两种，语内错误是教师搜集的重点，但也不要忽略语际错误。

最近几年的英语教学淡化了英语基础知识的教学，但扎实的语言功底是写作的前提，学生只有输入足够充足，才能顺利进行输出。因此，教师在写作教学时应将写作与听、说、读、看、译几项技能有机结合，有针对性地培养学生的"语法意识"。同时，教师需要组织学生之间自评和互评以及师生之间的评论，对学生出现的错误进行总结和反馈，并给予指导，帮助学生掌握修改作文的策略和技巧，提高对于词汇及语法的掌握能力，逐步提高根据不同场合和背景自然恰当地运用外语的能力，改变生搬硬套的现象。

同其他理论一样，错误分析理论也存在自身的局限性。对于不同类型的错误分类尚无系统的整理方法，这有待进一步完善。

（五）多元智能理论

多元智能理论认为每个人都有八种主要智能：语言智能、逻辑数理智能、空间智能、肢体运作智能、音乐智能、人际交往智能、内省智能和自然探索智能。八种智能表现存在个体差异，每个人都有自己的强项和弱项。在英语写作教学中，多元智能理论打破了传统的只注重知识传授和技能训练的教学，使教学转向关注智能多元化发展和学生的个体发展。倡导利用多样的课堂形式调动每个学生的积极性，这也体现了人本主义教学理念。

英语写作教学不仅仅提高学生写作水平，还结合学生多种智能来提高学生综合运用语言的能力，让每个学生都学有所得，为每个学生量身制作符合其自身优势的教学方法。教师应用赏识教育的眼光对待学生，而不应将学生间的差异化视为一种负担。多元智能理论也提倡小组合作，小组成员通过一起写观后感、日记、看图作文、书信等方式交流，讨论学习任务，促进语言智能的发展。

多元智能理论为进一步发挥每一位学生的特长、优势和潜能提供了理论依据，但容易忽视基础教学，评价难以操作。

二、英语写作教学现状

写作教学是英语教学中体现和反馈学生语言"输出"能力很重要的教学环节，也是难度大、对综合技能要求高的一个板块。在教学实践中发现学生在写作时常遭遇以下困境。

（一）词汇问题

词汇是表达的基本单位，从学生各类考试和与学生的交流中发现，一些单词如果出现在阅读或选择题中，学生能够理解其含义并顺利解答题目，但在写作过程中却不能够深刻理解其含义，无法准确运用，这主要体现在"词义范围"和"语境意义"掌握不熟练两方面。

（二）句型、语法问题

句子使用是否地道与流畅，很大程度上决定了一篇英语写作的好坏。纵观学生作文，通篇语句基本都是简单句，句式相同，长短相近，顺序大部分都是主谓宾，程度稍好的学生能用上定语、状语、补语等，平时学到的很多语法知识，如，分句、倒装、虚拟语气等，基本无法灵活使用，语法学习似乎仅仅是为了应付考试。语法问题主要集中在英汉结构差异方面。传统语法教学中，教师往往只注重理论条框的讲解以及习题的训练，导致学生能做对题，但实际运用起来错误率非常高。

（三）语篇衔接问题

近几年许多教师在教学中越来越重视学生语篇的衔接能力，学生虽然在写作思路和语言组织方面确实有所提高，但仍存在许多问题，如，表达不清晰、内容分散冗长、连贯性欠缺、使用大量简单词汇、不擅于使用从句等，这些问题导致文章显得技巧匮乏，内容支离破碎。

语篇衔接性体现在标题、中心思想、主题句和细节上，细节要围绕主题，主题要紧扣中心思想，中心思想不能偏离标题。许多学生在写作时不会使用主题句，逻辑思维不缜密，观点不全面且内在联系较弱，行文结构不严谨，层次不够分明。这些问题需要得到教师的重视，从而帮助学生进一步提高写作能力。

（四）文化差异问题

语言不只是文化的重要载体，同时也是一种文化形式。每个民族都有自身独特的文化，因此，所形成的语言体系也不尽相同，这使不同民族之间在语言的表述习惯和写作方式上存在较大差异。例如，英美国的学生写作风格通常较为直接，表述开头即阐明自己观点，而我国学生的写作习惯则恰好相反，通常是在一段阐述的最后再表明自己观点。又如，在祈使句的表述上，我国学生习惯使用"Let's"句式进行表达，而英美国家的学生基本不用这种表达句式。在学生的写作中出现了诸多带有汉语语法的英文表述形式，究其根源是长期的母语环境使得我国学生无法摆脱母语思维的约束，习惯性地将母语思维融入英语学习中。

第二节　体现写作素养的写作教学

英语教学中，写作经常被教师所忽视，写作教学没有得到充分重视，导致写作教学不连贯，教学效果不佳。因此，教师不仅要合理安排和设计写作课程，更重要的是要将写作教学的最终目的落实到写作素养的提升之上。

一、教学目标设计

英语学科核心素养包括语言能力、文化意识、思维品质、学习能力，写作是一个体现以上四方面能力的综合过程。教师在设计教学目标时应基于英语学科核心素养，以培养学生写作能力、促进学生全面发展为标准，而不应以完成写作教学任务和学生获得写作高分为教学目标。

（一）提升语言能力

英语教学最基本的任务就是要让学生具备基本的语言能力。语言能力范围广泛，不仅包括对一些基本知识的掌握，还包括运用语言知识与他人进行交流的能力，以及能够用英语以说或写的形式表达自己的看法。在教学过程中，让学生认识语言和其他事物之间的关系，并能准确清晰对事物进行说明，熟练输出语言知识，发挥语感在表达中的作用，不断学习新知识，掌握新技能，这都应是教师教学目标设计的重点。

写作教学是英语教学一个重要内容，对学生语言能力提升起着十分重要的作用。教师应改变以往将大量精力放在提高写作成绩上的教学观念，实际课堂中应多给学生提供语言锻炼的机会，将提升学生语言能力作为写作教学重要目标。

教师可根据具体写作教学内容将目标细化，使学生能够熟练运用所学词汇和句型进行写作，正确使用句法和语法，提高语句分析能力。这些都属于语言能力的目标，也体现了对学生语言能力的培养。

（二）培养文化意识

英语学习内容不局限于对知识与技能的学习，对英语国家文化进行了解和认识，培育文化意识，也是英语学习的重要组成部分。学生从学习内容或实际生活中挖掘文化信息，尊重理解各国文化差异，能够帮助其对比中外文化，坚定文化自信，培养向外传播本国优秀文化的意识，对学生价值取向起到积极引导的作用。

教师可根据具体写作教学内容将目标细化，使学生能够理解英语中常见的成语、俗语典故及其内涵，了解中西方表达方式的不同之处，了解英汉两种文化思维方式的差异。

（三）发展思维品质

思维品质是学生成长发展过程中重要品质，包括对事物的认识、分析、思考、推理等方面，每一方面都对学生有重要影响。思维品质的培养能够帮助学生透过事物现象分析本质，发现事物本质区别或联系；能够帮助学生对信息进行归纳总结，推理其中的逻辑关系。

教师可根据具体写作教学内容将目标细化，使学生能够根据写作要求列出提纲；合理使用连接词使行文流畅；行文结构合理，条理清晰，主题鲜明。

（四）提高学习能力

学习能力是英语学习过程中需要具备的一项重要能力。科技的进步尤其是互联网的快速发展为人们日常生活提供了极为便利的环境，课堂已不再是学生获取知识的唯一来源。学生需要合理使用学习策略进行学习，制订合适的学习计划，通过多种渠道获取知识，对自己的学习效果进行自我反思。明确学习目标，通过积极练习，对所学内容能更加灵活地运用。能够与他人开展合作，同时具备调节学习中的负面情绪的能力。

在英语写作教学中，教师可从学生自主获取信息能力、知识运用能力等方面去培养学生，根据具体写作教学内容将目标细化，使学生能够灵活运用所学写作技巧，通过多种渠道获取写作素材，模仿优秀范文写作形式。

由此可见，基于写作素养的教学目标，要体现教学的针对性和全面性。教师在教学过程中有意识地将英语核心素养落地，从而使学生的英语核心素养得到发展。

二、教学策略设计

（一）改变教学模式，培养学生语言能力

在写作教学过程中，教师可以创造生活化的情境，将写作内容与实际生活加以结合，激发学生写作兴趣，这有利于学生提高英语写作的感知能力。同时，教师可以为学生拓展一些词汇、短语、句式，便于学生将新学内容进行整合，从而使写作更顺畅。

例如，要求学生写一篇题为 *Healthy food* 的文章。在写作前，教师可以让学生结合自身经历，说说自己日常饮食是什么样的，自己认为什么样的饮食有益于身体健康。同时，教师可以为学生提供一些关于健康饮食方面的词汇和短语，让学生从饮食时间、饮食习惯、食物种类等方面进行自由讨论。此过程可以帮助学生夯实词汇基础，并构建初步的写作思路。学生拥有一定的词汇积累后，写作过程也会更加顺利，对语言的运用也会更加精准。在写作课堂中，学生的语言运用能力可以得到有效提升。

（二）增加文化知识，培养学生文化意识

教师要在英语写作教学中培养学生文化意识，给学生普及一些英语国家的文化背景知识，布置有关文化话题的写作任务。为加深学生的认识和感受，教师还可通过播放视频或图片的形式，让学生发现和体会中西方文化的差异，深化学生文化意识。

（三）优化课堂提问，提高学生思维品质

思维品质对学生的发展起着重要作用。在写作教学过程中，教师可以通过提问的方式对学生思维进行训练，但提问的内容要与写作话题相关联，才能既锻炼学生思维，又提高学生写作能力。

（四）拓宽学习渠道，提高学生学习能力

信息技术的发展也使得教学模式更加多样化，学生的学习更富有弹性。无论想获得哪方面的信息，只要能够连上网络，就可搜索和获取。在这种环境下，教师要引导学生合理利用网络资源，提高学习自觉性，培养学生主动探索课外知识，扩大知识面的意识，使学生在英语写作中有话可写，有观点可表达。

三、教学过程设计

本节内容将以"书信向你的英国好友介绍你的校园生活"为例，分别从写前、写中和写后阶段阐述体现写作素养的英语写作教学过程设计。

（一）写前阶段

该阶段是教师为引导学生进入写作主题，为写作做充分准备的阶段。目的在于激活学生灵感，激发学生兴趣，明确写作目的和读者对象。该阶段教学活动主要包括讨论写作主题，搜集素材，为写作进行语言方面的准备，阅读范文，列提纲等。

（1）创设情境。课前教师向学生展示关于校园生活的词汇、短语和重点句型。

设计意图：学生通过讨论展开联想，推测写作主题。

（2）准备素材。教师通过图片展示，让学生对比英语信函格式和汉语信函格式的不同，使学生了解和掌握英语信函格式，为接下来的写作做好准备。

设计意图：为学生写作提供语言基础知识。

（3）展示范文。教师通过幻灯片向学生展示范例，通过范例向学生介绍信函的格式、结构、句型，并提炼写作课的核心内容。

设计意图：教师展示范例介绍信函结构、常用句型，加强语言输入，让学生熟悉语言知识，提高语言表达能力。这个过程教师可讲解中英文信函的差别，体现文化差异，帮助学生形成文化意识。

（二）写中阶段

在这一阶段，学生的主要学习任务是将收集到的资料进行整理，组织文章架构，拟制订写作大纲，并开始写作草稿，在这一环节学生可以利用前一环节所学词汇组织语言对草稿进行修改，同时，要注意标点的正确使用。教师可以通过实际操作的方式为学生演示写作方法与技巧，拓展学生的写作思路与内容，并积极运用各类从句、倒装句来丰富句式，使语言表达多样化，提高写作水平。

（三）写后阶段

该阶段学生需要完成文章的自我修改及互相修改，通过个人自我检查及小组成员互相检查，修改语法及用词用句错误，并对文章加以润色。

评价标准围绕学科素养四方面。

（1）语言能力：句子结构和时态是否正确；是否合理使用所学句型与短语。

（2）文化意识：是否符合英文信函格式。

（3）思维品质：内容是否连贯；条理是否清晰。

（4）学习能力：是否灵活运用写作技巧。

设计意图：学生通过自评和互评，在小组交流中发现自身不足之处，学习他人之长，并对自己的作文进行改进和优化，小组活动也培养了学生的合作学习能力。

四、英语写作教学原则

（一）以学生为中心的原则

在进行英语写作教学中，应当以学生为中心，教学的各个环节都要围绕学生的学习方法和学习效果来开展，并通过各种方式丰富写作教学的形式，最大限度激发学生的学习积极性。以学生为中心最有效的教学方式是充分利用学生自我学习和小组合作探究能力，展开小组间的讨论。在此笔者以小组讨论为例说明如何做到以学生为中心，体现写作素养的教学方式。教师可采取以下教学方式。

（1）提问式。提问是小组讨论的核心，提问的关键是归纳总结、调动学生思考积极性，在协助学生表达思想的同时降低其写作的难度。提问过程中，教师要注意提问方式的合理性和提问次序的得当性，并且要保证提出的问题清晰明确。如此一来，教师可以及时把握学生即时的学习成效与学习状态。教师在提问前应当把控学生回答问题的方法，保证学生回答的逻辑性，并要维持良好的课堂学习氛围。同时，教师还应当把控问题的难度，兼顾不同能力水平学生的学习进度，尽可能让每位学生在学习互动中收获更多。

（2）复习式。复习能够帮助学生及时对知识进行巩固，并发现自身不足之处。教师在运用复习式进行教学的过程中，要有效将讲、练、评结合，在提高学生系统归纳知识点同时，帮助他们对复习结果进行合理评估，使学生在教师或其他同学的评价中得到有效指引，加深对知识点的理解。教师要尽量避免对同一知识点重复复习，从而提高讲授速度，防止学生出现厌倦情绪，保持学生学习的新鲜感。

（3）卷入式。卷入式即让学生身临其境，实实在在参与到活动中去，该方式能够在最大程度上确保学生有更多的时间参与到学习中。教师需要给予全部学生回答的机会，为学生创造表达情境。可以使学生对问题进行重复、对答案进行重复，也可以让学生提出问题、模拟情境、集体回答等，给学生表达的自由，增强课堂的趣味性、真实性和时效性。

（4）反馈式。反馈式教学方法是目前高校改善英语课堂教学推出的新式教学方法。反馈式教学方法指在开展课堂活动前以问卷形式获取学生对课堂教学的期待，教师根据问卷反馈情况及时对教学设计进行调整和改进。[①] 反馈式教学法是对学生整体或个体状况进行了解和掌握的最有效方式。教师是否能够随时获取学生反馈信息直接影响和决定着学生小组讨论的效果。教师应针对每个学生实际情况对问题进行合理调整，确保全班学生的参与度。为了对每个学生有所了解，教师可让学生快速写出问题的答案，教师通过巡视检查获取反馈信息。

（5）学生互助式。互助学习的模式旨在让学生在针对某一问题的讨论解

---

① 王磊．高校英语教学转型发展研究［M］．长春：吉林人民出版社，2019.

决的过程中，学习他人的观点和看法，同时锻炼自己表达观点的能力。在这一过程中，可以培养学生尊重他人的意识，在讨论协作中，还可以开拓学生思维，培养团队协作的精神，这种模式摆脱了教师填鸭式教学所带来的弊端。

需要注意的是，在进行互助式教学中，教师首先应当具备多样化教学设计的能力，根据不同能力水平的学生以及班级规模来合理安排讨论方式。需要特别关注的是，不管采用何种方式，都要考虑学生的学习积极性和兴趣。此外，学生讨论的问题也不应局限于有限的几个方面。例如，教师可以让学生针对一篇范文进行修改、缩写、扩写、仿写等。也可以让学生就一篇文章的某一部分展开讨论，发散思维，进行大胆的想象与联想，丰富文章内容，或是对文章进行创造性写作。除此之外，教师还可以让学生针对文章的框架结构和体裁展开讨论，帮助学生感受规范的文章写作方式。

（二）循序渐进原则

（1）从词到句打好写作基础。词汇是组成语言的最小单位，也是英语写作中的最小单位。基于语言自身角度而言，写作训练应该从句子的写作开始，再到段落乃至语篇。学生只有将句子通顺流利地表达清楚，才能让读者理解其表达的含义，从而达到交流的目的，使信息顺利传播。在此基础上，学生需要根据一定的逻辑构思系统地将句子进行整合排列，进而构成语篇。因此，教师要注重学生词、句的写作，循序渐进地转向语篇，这样可以为学生奠定稳固的写作基础。

如果学生对基本句型有所掌握，能够写出简单句子，那么教师可以先让学生按照某种体例写出篇幅不大的小作文。通过学生不断练习，在巩固其既有写作能力的基础上，逐步加大写作要求，如此循序渐进的教学步骤能够让学生打好写作和语言基础。教师在写作教学过程中，应培养学生良好的写作习惯，从标点符号、字母的大小写，到单词句子的书写，都要严格要求。此外，教师还要注重培养学生的整体架构能力，学会构思文章、分析句子间结构、确定文章逻辑关系及运用正确的写作技巧。

（2）由易到难训练写作技能。任何学习都是遵循由易到难、循序渐进的学习原则，英语写作也应该层层递进进行训练。写作教学并非一蹴而就的事，应在明确教学目标的基础上逐步递进，具体可参照以下教学阶段设计。

①简单句写作。

②复合句写作。

③段落构成与要点。

④文章的文体类型。

⑤段落的发展方式。

⑥文章结构。

⑦写作的书面技术细节与修辞手段。

⑧写作步骤。

⑨分析范文与仿写题型。

⑩独立撰写实践。

（3）由单一到综合提高写作技能。学生在学习叙述、说明、描写、议论四种写作文体时，教师应当先注重每一个单项训练。在进行单项训练时，应当由简到繁，锻炼学生使用规范语句的能力，同时还要注意内容的逻辑性。当学生掌握某一项技能后，教师应当安排进行组合式训练，即将两项或是更多技能进行综合。进一步来说，进行综合练习前，教师应当先向学生讲解训练的具体要求、训练目的、各种语言的使用特点等相关内容。在学生每完成一项综合练习后，教师可根据学生的学习状况针对性调整教学内容，以提高学生的写作能力。

（三）综合性教学原则

英语听、说、读、写等各项技能之间是相辅相成、相互促进的关系，如，学生通过阅读获得的丰富信息能够帮助其及时发现写作中产生的问题；学生通过课堂讨论对写作意见各抒己见，能够拓展其写作思维；学生通过写作练习对句子完整性加以巩固，同时，能帮助其在听力活动中对上下文词汇进行合理推测等。在英语写作教学中，教师应综合应用各项技能展开教学活动，让写作课变得生动而鲜活，给予学生多样化的能力训练，全面促进学生各项技能的提高和发展。

（四）多样化原则

英语写作教学多样化原则主要体现在以下两点。

（1）写作文体与训练形式的多样化。从文体上看，可以写记叙文、说明文、议论文，也可以写书信、便条、通知、法律、商务、导游、网络等实用文体；从形式上看，可以进行口头作文、段落扩写、续写等练习，也可以进行提纲训练，还可以进行扩展段训练。

（2）表达手段的多样化。英语表达手段十分丰富，同一意义可以使用不同句型来表达。在写作教学过程中，教师可以引导学生学习使用不同的句型结构来表达同一意思，这不仅可以弥补学生在语言知识上的不足，而且还能启迪学生的思维，从而让学生把知识变成技能，更而灵活运用语言。

（五）重视评估原则

教师在英语写作教学中要注重遵循评估原则，因为学生在写作中会出现这样或那样的问题，一方面，教师要认真评阅，使学生能及时得到对自己学习情况的反馈以进一步修改完善，从而不断提高写作能力；另一方面，教师评阅也能够成为鼓励学生继续写作和完善写作的动力，督促学生对出现的问题认真分析，对写作更加重视，态度更加严谨。

（1）结果评估。结果评估是对学生一个阶段的学习成果进行评价。在以往的教学过程中，教师通常都是用"分数"来评判学生的学习情况，这样带来的结果是，学生日常作业中遍布教师批注的红色标记。这种传统评判作业的方式，虽然可以及时指出学生的问题所在，但也会打击学生的学习积极性和自信心。在结果评估之后，给学生建设性和鼓励性的建议，可以有效地帮助学生建立学习信心，激发学生的学习热情，教师在教学的其他环节也可同样运用鼓励式教学思维。但学生的原则性错误教师要明确指出，至于其他问题，教师可以与学生一同探讨解决，教师要善于发现学生出现问题的根本原因，引导学生主动地解决问题。

（2）过程评估。英文写作过程中的评估也极为重要，可包括多种形式的过程评估，如，教师直接评估、学生互评、学生自评等。不管哪种方式评估，都是为了帮助学生在学习过程中及时发现问题，并予以纠正。在进行学生互评时，教师应当正确引导学生，指出互评标准和互评注意事项，以保证互评的公正与规范。此外，在学生互评或是学生自评时，教师可以帮助学生制定评判标准，提供必要的评价工具。以期学生在以后的学习过程中，也会以此标准来规范自己的写作实践。

（六）正确对待错误原则

语言没有严格意义上的对与错，一种语言表述方法在一种语言环境下是错的，在另一种语言环境之下可能就是对的。例如，在英语中必须用关联词连接两个短句，而在汉语中，大多用逗号就可以将两个句子进行关联。因此，受汉语表达习惯的影响，学生在进行英文写作时可能会出现错误。此时，若对学生出现的问题加以严厉的批评或是直白点出，有时会影响学生的学习积极性，还可能降低学生对英文学习的兴趣。因而，教师应当以更加宽容的态度关注学生的学习过程，鼓励学生大胆尝试新词汇的使用，而不应一味受限于词语使用的准确性。对于学生经常出现的错误，教师应当总结归纳并悉心讲解，使学生降低重复出错的频率。

第三节 基于读写结合的写作教学案例分析

读写结合不只是一门技术或科学，同时也属于艺术范畴。阅读可以促进写作能力的提高，而写作同样可以促进阅读能力的提升，两者可以相互影响，相互促进。阅读文章的过程可以加深对生活的理解，而写作的过程是对生活的一种深刻解读与表达。从本质上来说，读与写可以让学生从两个方面重新认识生活。

一、读写结合模式的内涵

读写结合即将阅读与写作进行结合，是英语教学常用的一种策略。其指导思想是将读与写进行整合，让学生通过阅读范文感受作者的语言组织、思想、写作方法和技巧，培养并提高学生阅读理解能力、总结分析能力、提取概括能力，进而让学生通过写作，运用所掌握的语言知识对自己的观点、认识、感想、推理等进行表达，锻炼学生语言组织运用能力、思维架构能力，并提高学生的写作能力。

二、读写结合模式的必要性

（一）通过阅读搭建写作基础

阅读是输入，写作是输出，好的写作能力一定离不开广泛地阅读。学生通过阅读积累大量词汇，掌握句型结构，熟悉文化背景知识，培养语感，在写作时就不会觉得无从下手。学生在阅读的过程中要有目的性地去积累，对于优美的句型句式和表达方法，必要的时候需要去记忆，这个过程能够帮助学生反复体会作者的写作手法，学生再去写作的时候才能够模仿并加以运用，甚至创作出更贴切流畅的文章。

除了语言方面的积累，学生也要有意识地对作者的观点进行归纳和分析，不要局限于对文章信息的简单接受，而是要突破作者的思维局限，总结个人观点，为写作作铺垫。

（二）通过读写结合培养学生写作习惯

很多学生平时缺少写的习惯，把写作当作一种负担，在课堂上为完成任务而去写作，这种没有发自内心的被动学习当然不会收获好的效果。而如果能够从阅读入手，让学生对主题产生兴趣，调动学生表达阐述的欲望，进而再引入写作教学，这种方式能够使学生充分发挥其主体地位，从被动写作转变为主动写作。随着写作练习的增多和写作能力的不断提升，学生对写作的排斥心理也会慢慢消失，写作习惯也会逐渐培养起来。

三、读写结合模式存在的问题

（一）阅读与写作时间分配不均

一部分教师不会充分利用阅读材料，不能有效地选出材料中的重难点，导致学生进行写作练习的时间有限，教师没有更多的时间对学生的写作练习进行分析点评。由于教师在教学过程中时间利用率不高，不能全面讲解阅读材料，学生对阅读材料缺乏系统性的认知，不能抓住阅读与写作的重点，无法有效地掌握写作技巧。读写结合的教学方式要求教师引导学生进行阅读与写作实践，二者不可分割，同时还要求教师要合理规划时间的分配使用，使学习更高效。

（二）阅读与写作内容不统一

阅读是信息的输入过程，写作是信息的输出过程，阅读输入为写作输出提供素材和整体框架。因此，阅读与写作内容要保持一致，即写作的内容要与阅读内容相关联。学生可以先对所阅读的文章进行小组讨论，梳理文章架构与语法使用，从而指导写作实践。但在写作教学实践过程中，一些教师所选取的阅读材料与学生实际写作主题没有关联性，使得学生在写作时，不清楚写作主题，偏离写作方向，不利于写作能力的提升。

（三）阅读量与写作质量不均衡

在英文写作教学中，教师应当将学生的阅读量放在首位，这直接决定学生写作输出的质量，学生只有经过一定数量的阅读，写作时才可以得心应手。足够的阅读储备可以让学生在文章架构、逻辑思维、语句内容、写作方式等方面得到相应地提升。但在当前的教学实践中，存在着学生阅读量与写作质量相偏离的不均衡现象。首先，由于教师在给学生提供阅读材料时，刻意点明文章结构，而非学生通过讨论分析习得文章架构，造成学生被动学习，思维僵化，失去创新力，写作内容千篇一律；其次，阅读任务只是回答简单的问题，学生缺少对内容的深入理解，无法将知识进行内化，写作时无法将阅读与写作进行关联，抓不住写作主题而导致学生自主写作能力差。

四、读写结合模式的具体应用

（一）重视课前导入

良好的导入是激发学生学习热情、求知欲和探究心理的有效方法。教师应在阅读活动前设计激发学生学习兴趣的导入环节，帮助学生对学习阅读材料做好相应的准备，进入积极的学习状态，保证阅读活动的有效开展，为写作活动做好铺垫。

（二）注重仿写

模仿是一切学习的开始，尤其在学生写作水平有限的情况下，仿写是培养学生写作兴趣并逐渐提高写作能力最有效的方法。通过仿写，学生能够储备一定的词汇和语句，学习语法的使用，体会文章的写作架构及表达手法。在教学中，教师应鼓励学生通过阅读从形式和内容上对文章建立直观印象，积极大胆进行仿写。

（三）加强信息提炼

教师应在备课过程中对阅读材料进行充分研读，提炼关键信息，分析其难度及衍生的知识点和写作要素。课堂上对重点知识加以强调，帮助学生积累和提高词汇量。对含有语法的句子进行分析和锤炼，使学生掌握句型和语法的使用规则，从而提高写作技巧。同时，对于阅读材料中的关键词、主题句、修辞手法等，教师要进行提炼总结，让学生吸收并转化为自己的知识，通过阅读提高学生的归纳总结能力。

（四）加强课后读写练习

教师应当注重理论与实践相结合，在布置读写作业时应当注重培养学生主动学习意识与创新能力。课后练习既可以在阅读材料的启发下进行创造性拓展练习，也可以对阅读材料进行缩写、改写等练习。丰富多样的写作练习可以充分调动学生学习的积极性。

（五）锻炼语言组织能力

英语教材中含有类型多样的独立主题内容，教师应当深入分析教材的内涵，用阅读与写作相结合的方式多维度地锻炼学生对语言的把握能力。教师先要对英语教材有一个全面的理解，为学生制定有针对性的学习任务与目标，指导学生理解教材中文章的写作方式、语言表达技巧，合理运用词汇并组织语言，循序渐进地提升学生的英文写作能力。

（六）创新语言和词汇教学

英文写作的基础要素是词汇与语言，学生所掌握英语词汇的多少直接决定着其英语学习能力。教师在读写结合教学当中，可以进行教学方式的创新，通过分组学习的模式，进行小组间比拼竞争，或设置游戏环节，增强课堂学习的趣味性，让学生在轻松的氛围中，积累词汇和语言的运用技巧。

第四节　优化英语写作教学的策略

教学策略是解决教学问题的途径或手段，写作教学是师生双向互动的活动。在写作教学设计和课堂操作过程中，教师应该根据学生学习规律安排教学过程，并选用适合的教学方法。

一、写作构思方法

写作各个过程都离不开构思，构思是写作的基础。构思常用的方法有自由写作式、思绪成串式、五官启发式等。

（一）自由写作式

自由写作指对所写作的主题先在大脑中梳理思考，彻底打开思路，将所能想到内容、关键词、想法记录下来，而后筛选记录内容，剔除无价值的内容和信息，再将有效的信息进行关联性组合。进行自由写作时，可以运用各种构思技巧，尽量打开思路。

（二）思绪成串式

思绪成串式是先将主题写下来，然后围绕主题展开联想，将所能想到的与其相关的关键词写下来，接着对关键词进行总结归纳，确定写作思路。

（三）五官启发式

五官启发式就是从所看到、听到、闻到、尝到、触摸到的几方面，去思考、搜索与题目有关的信息和资料，但并非都要面面俱到。

二、文章开篇和段落展开方法

一篇文章通常由三部分组成：开头、中间和结尾。文章开头给人的第一印象至关重要，一个出彩的开头能提升整篇文章在读者心中的分值。文章开篇常见方法有以下几种。

开门见山：从文章开始就提出观点，突出文章主题，明确陈述见解。

下定义：文章开头做解释说明，帮助读者理解。

描写导入：以描写背景为切入点进而导入主题。

故事引入：以故事作为文章开头，引出下文。

问答法：用英语中 what，who，where，when，why，how 开头的问句进行提问，根据问题确定写作思路。

数据法：在文章开头引用权威性统计数字，增强文章说服力。数据法有先主题后数据、先数据后主题之分。

段落展开方法多种多样，常见有以下几种。

按时间展开：先发生的事情先写，后发生的事情后写，多用于记叙文。

按空间展开：按一定的空间顺序和方位展开叙述，如，从左到右、从上到下等，常用于描写景物或地方。

按定义展开：针对含义复杂、意义抽象的词语或概念进行展开阐述，一般在下定义的同时还可运用举例、打比方的方式，使读者对定义有更清楚的了解，常用于说明文。

按过程展开：依照事情发展的经过逐项展开说明，常用于记叙文，如，叙述如何做一件事情。

按分类展示：将事物按其特点进行分类并逐一进行说明，常用于说明文。

按因果关系展开：可以先写结果再分析原因，也可从因到果进行叙述，或是既分析原因又分析结果。

三、写作教学实施策略

（一）巧设写作任务

（1）切合学生关注点。很多学生认为写作课很枯燥，这通常是因为教师布置的写作任务不能引起学生的兴趣。一般来说，一个群体感兴趣的内容主题需要与他们自己相关，如，他们的年龄、生活环境、教育背景等。

在中南大学任教的叶洪教师在研究现代学生感兴趣话题时发现，许多学生更为关注时下热点的网络用语，但却极少有人研究其背后的原因，于是他给学生设置了一个写作练习："请通过诸如影视、网络、报刊等媒体汇总近两年常用社会用语，并从中选择一个作为研究对象，完成一篇300个单词以上的议论文，阐明其词语含义、来源及其演变过程，并结合社会背景阐述其广泛传播的原因。

在实践中，还可以让学生写一封信给他崇拜的名人，或是让学生就校园直销、微商、发泄压力等问题进行探讨。选择接近于学生生活的主题让学生练习写作，让他们感受到写作主题与自己非常接近、有话可说，最主要的是要把作文融入学生的交流和社交之中，让他们有一种渴望用文字表达自己的情感、思想和观点的欲望，进一步培养他们的写作习惯。

（2）启发深度思考。从本质上讲，写作是通过使用不同语言形式组织个人观点，表达个人思想的活动过程。因此，写作任务要能使学生充分扩散思维，进行深度思考，要让学生感到有挑战性，有开展写作活动的积极性。

上文有关流行语的写作任务就很好体现了这一点，紧紧围绕学生兴趣点，激发学生运用各种方法和工具对写作主题内容进行搜索和了解，启发学生积极思考，培养学生思维能力。这种激发学生积极探索、进行自主学习的写作任务，不但能够培养学生的写作能力，还能引导其对自身学习态度和学习方法进行自我反思。同时，写作主题与学生生活紧密关联，教师仅为学生提供技术支持，将词汇表达难点留给学生自行突破，这一过程会打破学生固定思维模式，使学生充分发挥创造力、思考力和创新力。

（3）形式不拘一格。传统写作教学常以内容限制形式，教师提前设定文章内容和结构，使得学生在写作时思路受限，写出来的文章在形式上几乎都是一个格式，没有创新，也使学生对写作任务产生依赖，没有教师结构的限制就不知从何下手。面对这种写作现状，教师应打破以往的写作教学方式和各类体裁固有写作模式，留给学生足够的想象空间，鼓励学生积极创新，根据学生个人写作爱好和写作习惯，阐述个人观点，真实表达个人情感。写作形式由学生自己根据内容决定，突破学习形式的限制，让学生自由表达，增强学生写作的成就感。

当然，形式自由不等于学生可以随意写作，不受限制，而是教师应制定更加明晰的写作任务，并预测学生遇到的写作困难及可能出现的问题，避免学生进入写作误区。

（二）掌握教学过程

（1）写作教学过程的实质。在写作教学过程中，教师的作用是帮助学生确定写作方向，构建写作思路，为学生提供引领，让学生学会判断评价，掌握语言表达技能，学会思考，合理组织个人思想，在教师的支持帮助下确定写作焦点。因此，写作教学体现师生之间的思想交流，教师要密切关注学生的心理活动。

实际上，学生在动笔之前，所有个人想表达的想法都是不确定的，只有真正动笔之后，经其对大脑不断涌现的思想观点进行筛选、梳理、提炼、调整，最后才能整理出较为清晰的思路。学生按照思路表达思想的过程往往又是一个在写作的内容和形式之间寻找平衡的心理过程，可以通过内容探寻形式，也可以通过形式发现内容。

（2）掌握教学过程的方法。教师在写作教学过程中要结合写作任务提供相关资料，根据教学目标设计讨论问题和互动方式，调整学生情绪，调节课堂氛围，引领学生正确认识写作任务，完整构建写作框架，让学生轻松自主地进行写作。同时，针对学生遇到的写作障碍，教师要善于创造沟通协商机制，及时给予学生引导，灵活追问学生不明白的地方，引发学生深度思考，鼓励学生对语言积极输出。

（三）做好评价反馈

写作过程是一项师生互动及生生互动的过程，在写作教学活动中引入评价反馈，能够帮助教师和学生更加明确教学目标，从而有的放矢地改进教学与学习方法。由此可见，评价反馈对写作教学活动发挥着重要的指导意义。根据不同标准，评价反馈可划分为不同类型，但无论怎样划分，每种评价反馈方式都有其自身的优缺点。教师可以通过分析这些评价反馈方式的优缺点，并在写作教学活动中综合考虑，并选择恰当的评价反馈方式，充分发挥评价反馈的优点，规避缺点，进而为写作活动提供有效指导。

（1）按写作评价的主体。按评价主体可分为教师评价、同伴互评和自我评价，不同主体评价的优缺点分析如下表4-1所示。

表4-1　不同主体评价的优缺点分析

评价主体	优点	缺点
教师	操作简便，说服力强，学生易采纳，教师易掌握学生情况。	教师工作量大，评价质量易受影响；易导致学生为迎合教师喜好而虚假写作；学生只能被动接受，不利于培养学生主体性和学生自我评价能力发展。
同伴	便于学生取人之长、补己之短；减轻教师工作量；营造良好学习氛围；拉近距离，避免矛盾。	评价简单肤浅；结果可能有失客观；适用群体受限。
自我	培养主体意识和责任感；操作方便；增强学生自我评价能力和自主学习能力；培养学生判断力；利于学生了解和内化写作评价标准，明确努力方向；有效减轻教师工作量。	客观性较差，质量难以保证；缺少外界参考，无法进行横向比较，学生难以衡量自己写作水平在群体中所处的位置。

（2）按写作评价的不同阶段。按写作评价的不同阶段，评价可分为诊断

性评价、形成性评价和终结性评价，不同阶段评价的优缺点分析如下表4-2所示。

表4-2　不同阶段评价的优缺点分析

评价阶段	优点	缺点
诊断性评价：又称准备性评价。写作教学活动前或进行之初对学生学习准备情况或存在的困难进行的评价。	确定学生已有水平、写作准备情况，为教学活动提供依据； 有效识别学生个体差异，因材施教； 诊断个别学生发展上的特殊障碍，采取补救措施。	通常针对单个教学目标，评价不连续，不能全面反映学生情况； 是教学活动的准备，需要与其他评价配合使用，否则达不到全面评价的效果。
形成性评价：又称过程评价。写作教学过程中为完善教学活动、引导教学活动高效进行所进行的评价。借助日记、周记、日常作业、课堂练笔等去评价。	及时发现教学中的问题并矫正； 引导教学活动的方向，通过评价反馈信息来调整教学； 提高巩固学生写作水平。	频繁使用测验手段，易导致学生产生厌烦感； 教师工作量大； 需要与终结性评价区分，考查其对教学调节促进功能，避免只注重评价结果。
终结性评价：又称结果性评价，是教学阶段结束后对整个教学目标的实现程度所做的评价。	能总体把握学生写作能力发展的最终阶段水平，为教师和学生明确后续教学起点提供依据； 能考查学生整体与个体的写作能力，为各种评优选拔提供依据。	以量性评价为主，有时会有失客观； 意味着评价结束，学生通常得不到有效反馈信息。

（3）按写作评价的表现形式。按不同的表现形式，写作评价可分为评语法、等级评定法和成长记录袋评价法，不同表现形式评价的优缺点分析如下表4-3所示。

表4-3　不同表现形式评价的优缺点分析

表现形式	优点	缺点
评语法：教师用书面语言形式对学生写作做出评价。	对每个学生的写作进行恰如其分的引导和启发，针对性强，评价效果好； 是教师与学生进行心灵沟通和情感交流的一种方式。	对教师素养、理论水平、实践经验等都有比较高的要求； 教师工作量大。

表现形式	优点	缺点
等级评价法：按照一定标准对学生写作进行不同等级划分，反映学生写作成绩和层次。	信息交流方便直观，可快速对学生进行排名和选拔；激励学生向高等级目标前进。	在评价方法缺乏合理性的情况下容易对学生做出不准确的等级划分；可能会打击水平较弱的学生的学习热情和积极性。
成长记录袋评价法：记录学生某项写作任务从开始到结束的整个过程，包括写作说明、系列作品、学生反思。	帮助学生自我约束、调节和评价；鼓励学生建立自己的评价标准，反思和自评；具体、真实、全面；记录学生写作成长历程，有保存价值。	系统性工作，前期工作烦琐，准备工作较多；工作量大；必须具有恒心，长期坚持，否则容易半途而废。

（4）按写作评价的不同关注点。根据写作评价的关注点不同，写作评价可分为整体评价法和分项评价法，不同关注点评价的优缺点分析如下表4-4所示。

表4-4　不同关注点评价的优缺点分析

表现形式	优点	缺点
整体评价法：也叫印象评分法，对学生作文总体表现进行评价，一般不分解评价内容，适用于大规模评价活动。	只需对写作的关键因素做整体评价；快速、方便、节省时间。	缺乏对评价结果优缺点的详细分析，对教学计划的诊断作用不大；对教师经验要求较高，教师缺乏丰富经验就很难保证评价质量；对学生指导性较弱，不能向学生提供详尽指导。

续　表

表现形式	优点	缺点
分项评价法：将写作评价内容分解为几个要素，对每项要素进行评价。可根据不同教学目标和任务来划分，如，可按照内容、结构、语言、卷面来进行评价；也可按条理性、流畅性、写作风格、思想性、写作常规来进行评价。	可将复杂的写作过程分解，对其中一些要素单独反复练习，达成目标后再进行其他要素的练习；很快判断作文的强弱项；帮助教师制定精确教学目标，指导各关键点的教学；帮助学生了解写作关键要素，更好地把握写作标准。	需要同时考虑几个要素，辨别内容多，耗时费力；效率低，不适合大规模评价活动。

写作评价类型和方法多样，每种类型和方法都有其自身的优点和局限性，教师在设计评价方案时，要充分考虑每种方案的适用条件和评价对象，紧紧围绕评价目的，合理选择评价方法，也可采取多种评价相结合的方式。还要引导学生进行自我评价，同时鼓励同伴参与评价，使评价成为教师、学生、同伴、学校等主体积极参与的互动活动。

写作评价具有检查、诊断、筛选、反馈、选择、激励和发展等多种功能，但首先要充分发挥其诊断、激励和发展的功能。评价不应被视为筛选和淘汰的工具，而应被视为诊断问题、总结成绩、改进教学、积极及时地促进发展的有效手段。因此，在评估过程中应避免绝对量化和保持客观化。写作评价应努力探索适合不同目的和对象的评价手段和方法，以提高写作评价的质量和效率。

四、写作教学设计方法

（一）创设真实写作情境，激发学生写作动机，培养语言能力

写作需要有素材支撑，最有力的素材来源于现实生活，越真实的素材越能激发学生的写作动机，使他们意识到写作的意义所在，让他们感到有话可写。所以，写作话题的选择可以多元化，可以来自课本，也可以来自时事、网络、生活等，以激发学生的创作思维。

以 *Where did you go on vocation?* 为例，学生在学习了课文主人公的假期生活之后，不免会对自己的假期生活进行回顾。此时，教师可为学生提供丰富多彩的背景图片。例如，天安门、故宫、北京胡同，这些都是学生所熟悉的游玩地点，面对熟悉的内容，他们就会有话想写，有内容可写。在对熟悉的事物和真实的生活进行描述时，学生容易展开描述内容，从而拓宽思维，使得写作主题不单单停留在表面，而实现思想感情自然升华。这样学生的写作语言会更为流畅，上下文衔接更为连贯，学生的语言能力也能得到提升。

（二）精挑细选文本，搭建写作范本，培育文化意识

写作教学中，教师要围绕写作主题引导学生自主确认主旨，对主题进行剖析并重组，形成既与主题关联，又具有个人独特创意的新观点，重新梳理思路。在此过程中，教师需要将语言知识呈现给学生，还要善于挖掘，对写作主题设计的背景、文化知识和社会现象进行分析并将信息提供给学生，使学生能够更加全面地进行思路的梳理和整合。

对于范文，教师要引导学生进行语篇分析。分析文章的题材、结构、表达方式、写作特点，同时强调文章的衔接性与连贯性。在学习范文的同时，教师可根据学生的兴趣，鼓励学生探讨可能用到的语言知识，为接下来的写作明确思路，提高学生自身运用语言知识和合理布局整篇文章的能力。

例如，前文分析过的，学生要给外国朋友写信介绍自己的校园生活，一方面，教师要为学生说明中英文书信格式上的不同，以及用语方面的不同；另一方面，教师最好对于开头语、结束语的常用语做出总结，为学生写作过程提供更多可用的语言词汇。另外，写作时需按照特定的文化意识开展写作实践，内容选择上，注重不同文化背景差异。

（三）丰富写作形式，培养思维品质

由于写作前学生有了一定的写作准备，教师可以在写作前设置一定的标准，如，结构清晰、时态准确、句式灵活多变、字迹清晰、书写规范等。

英语写作教学中，教师应当丰富写作形式，防止写作方式单一化，进一步锻炼学生的思维能力。写作形式可以是仿写、缩写、扩写、改写、续写

等，在此过程中教师可针对班级学生不同情况分层布置写作内容，围绕主题开展丰富多彩的写作活动，如，制作手抄报、编写话剧剧本、写演讲稿、写新闻报告等，引领学生开展写作实践，深化学生英语写作能力，锻炼学生创新等思维，培养学生思维品质。

第五章 基于学科素养的英语听说和语法教学

听说和语法教学是英语教学的重要组成部分。目前，英语听说和语法教学已经受到了教师和学生的重视，二者既是重要的课型构成，也是发展学生综合语言运用能力的重要途径。因此教师如何在教学中做到既注重发展学生语言能力，又提高学生的文化意识、思维品质和学习能力，促进学生的全面发展，是亟须解决的问题。

第一节 英语听说教学与语法教学的现状

一、英语听说教学现状

听说课的教学目标是多元的，无论小学、初中、高中、大学，英语听说课堂的设计都要紧紧围绕核心素养来进行。然而在传统的教学模式下，教师和学生往往只关注语言知识的掌握，忽略听说能力的培养。还有一些英语教师只侧重应试以及答题能力的提升，这使得学生综合能力发展受阻。本章将分别从英语听力和口语两方面对英语听说教学进行分析。

（一）英语听力教学现状

（1）教师教学重点偏离。在英语听力教学中，不少教师对教材目标分析定位不当，把完成教材的听力练习作为教学的重点，忽视了培养学生听力能力及学生对语篇的整体把控、信息提取归纳的能力，这种现象在教学中尤为明显。有些教师将重点放在语言知识的讲解上。例如，在播放听力材料前，教师把听力材料涉及的知识点、生词、知识背景讲解得过于细致，导致学生不经过思考甚至不用去听材料就能做对一部分习题，学生失去了自我求知和主动学习的欲望，这使教学失去了意义。尤其是当听力材料难度较大时，有些教师会对听力练习进行调整，将问答题改为填空题，这不利于培养学生有效获取及处理整体材料的能力，也违背了教材设定的教学目标。

（2）课堂设计单一，教师引导不当，学生学习兴趣不浓。部分教学仍然以读、写为主，忽视学生听力能力的训练。听力课堂设计枯燥，缺乏对学生的有效监督，只是机械地"播放录音—对答案—教师讲解"，教师和学生没有明确的目标，导致学生失去英语学习的兴趣，教学效果不佳。并且，教师不做任何引导就播放录音，容易使对生词及相关背景等尚不熟悉的学生在听录音的过程遇到重重障碍，使学生产生挫败感。学生不愿意主动参与听力活动，只会被动应付做题，长此以往，学生可能会对英语学习失去兴趣。

（3）学生基础知识积累不足，缺乏英语文化知识。学生听力水平与基础知识密切关联，对于基础知识丰富的学生而言，在听力过程中即使有个别单词或语句没有听清，学生也可运用基础知识对模糊不清的地方进行合理推测。但是，如果学生基础知识积累不足，对不同语境下的语调把握不准，对音节知识不了解，对语法不熟悉，这些因素都会影响学生理解听力内容。除此之外，学生文化知识的缺乏也会对其听力产生障碍，会出现学生并不理解部分已听清楚的材料的现象。因此，教师应加强对学生文化意识和思维方式的培养，扩大学生知识面，帮助学生提高听力水平。

（4）学生听力习惯不良。听力理解不仅考查学生对语言知识的掌握，同时还考查学生一定的逻辑推理能力。听力过程包含着复杂的心理机制，它需要学生在听的过程中展开联想，学会分析、判断与整合，有效利用听力材料的所有信息，借助一定的提示词进行推理。但很多学生缺乏该项能力，甚至存在一些不良习惯。具体表现为不会捕捉非语言信息；容易受个别混淆词的影响而无法进行后面的听力过程；遇到难懂或枯燥的内容容易放弃；听力思路受限，没有整体意识，无法掌握文章整体大意。

（5）缺乏语言运用环境。听力材料多来自教材，学生学到的都是规范英语。而在英美国家，人们日常生活中多使用"口语化"表达，即使用常用词、短语、简单句甚至省略句等。而在课堂教学中缺少这种"口语化"的语言环境，学生不能有效进行听力实践，这也会影响学生听力能力的提高。

（6）学生心理负担过重。听力被很多学生认为是英语学习中较难掌握的技能，这种没有根据的自我定位使很多学生提到听力就产生紧张焦虑的情绪，缺乏自信，过度的紧张导致在听力过程中无法灵活思考。因此，在听力教学中，教师应对学生学习心理给予有效疏导，帮助学生克服心理障碍，打破学生内向羞怯的心理，引导学生积极面对听力活动。

（二）英语口语教学现状

（1）教师教学方面

①教学观念更新较慢。部分教师仍然把知识传授当作最重要的教学任务，热衷于语言知识的讲解，使得学生学习的重心也在词汇、语法等知识点上，教师忽视对学生口语的训练，培养学生口语能力的意识淡薄，学生缺乏口语练习的机会，这会影响学生口语的提高。

②教学方法和氛围。口语的提高需要语言环境和大量反复练习，在使用语言的过程中，学生能够增强语感，对口语表达形成一定习惯。而现实情况是，很多教师在口语教学中习惯性采用讲练的模式，以教师讲为主，这会制约学生口语表达的积极性。这样的教学方法即使能够让学生熟练掌握理论，却因严重缺乏实际运用，使学与用严重脱节，导致学生的语言能力无法提升。有的教师不能够为学生提供口语使用和提高策略，如，根据语境组织口语内容，针对口语话题提供语言支持。除此之外，还有的教师为了跟上教学进度，使所有学生能够听懂课堂知识，在教学中采用汉语授课，这破坏了学生的语言环境，使口语课堂变得枯燥乏味。

③评估制度欠缺。我国最常使用的评估方式就是考试，这些考试多是对学生阅读、听力、写作、翻译技能的检测，但无法考查学生的口语能力。

（2）学生口语学习方面

①不愿张口，羞怯，不自信。缺少语言氛围，学生很少主动、有意识地练习口语。虽然学生能够意识到口语的重要性，但随着学习难度的加大，学生因短期内没有进步而选择放弃，或害怕因发音不标准引起他人嘲笑，这种心理障碍严重阻碍学生口语能力的提高。所以，教师应加强对学生的心理指导，为学生多提供锻炼和表达机会，鼓励学生积极表现，养成学习口语的习惯。

②语音不够标准。学生由于英语基础不同，对语言接受能力不同，所处地域和教学水平不同，口语水平存在很大差异。尤其在大学阶段，来自全国各地的学生因地方口音不同，其英语口语发音也在一定程度上受到影响，这直接影响学生口语表达能力。

二、英语语法教学现状

语法是语言组织的内在规律，是英语学习很重要的一部分内容，是穿引听、说、读、写等语言实践活动的"内线"。学生通过学习语法，才能更好进行英语实践活动，在过去很长一段时间内，英语教学课堂中师生的很大一部分时间和精力被语法知识的传授所占据，而语言技能的培养被忽视。这一问题引起我国外语界的高度重视，并开始予以逐步纠正。但在纠正过程中也很容易走向另一个极端，就是轻视语法教学。现在语法教学中存在一些问题需要教师分析并加以改善。

（一）语法的地位被削弱

现在教师越来越注重学生的口语及情境交际能力，在课堂教学中不再直接讲解语法，而是将语法教学渗入对技能的训练中。现在的学生，包括小学生都可以自如地说一些简单的英语，但有的学生没有掌握语法，只知道简单套用例句形式，无法正确理解和使用语法知识。部分学生连一些最基本的语法知识都不清楚，如，不知道十大词类，不能够掌握基本句型，说不出句子最基本的主谓宾成分，更谈不上其他更为复杂的语法概念了。因此，学生不会运用语法知识，说不出、写不出正确完整的句子，读不懂阅读理解，不明白什么时候该用哪一种语法表达想法，甚至连基本的形容词、副词、定语、补语和句子结构都无法分清，直接影响学生的成绩。

事实上，语法在英语考试中不但没有中断过，而且考查方式从单纯对简单语法知识的考查，转向对特定语境辨析和对语法运用的考查。这种考查方式不但要求学生对某个语法知识点熟练掌握，更需要熟知该语法在特定语境中的应用。英语教学中对语法教学标准不仅没有降低反而提高了，而部分教师并没有对语法考查方法深入研究，在教学过程中忽略对语法的系统讲解，仍将语法融入技能训练让学生自己感悟和体会，导致学生不能对语法知识有深入明晰的了解和掌握，虽然教师完成了教学任务，表面看来，热闹活泼的课堂互动也似乎达到了一定教学效果，但是学生在语法学习上收获有限。因此，正确理解和使用语法说出或者写出完整优美以及地道的英语句子，对学生来说存在一定的困难。

（二）语法教学安排缺乏系统性

教材中的语法分散不系统，练习题也相对简单。教师在讲解语法时虽然根据教材顺序由易到难、逐条阐释，但教学内容以单元出现的词汇和课后练习为主，这种由教师自主安排的语法教学，无法保证语法教学的系统性，导致语法教学随意性大，学生对语法欠缺全面系统的认识，只是学到了一些零星的概念。例如，每个学生都能说出几个语法名词、动词、时态、语气等，但如果被问到具体细节，很多学生就无法回答出来了，因为在学生头脑中没有建立起一个完整的语法框架，这对学生理解复杂的语法知识是个极大的障碍。

（三）语法教学方式单调

一些教师在语法教学中采用"精读细练"的方法，机械地将语法概念、规则等知识讲解给学生，学生需要背诵知识点，依靠对知识点的熟练背诵完成教师指定的练习。整个教学过程中学生处于被动状态，只能记住语法规则，而不会结合语境灵活使用，无法应用到实际的语言场景中，在实践应用过程中学生会出现一些错误，很难正确或流利地与人进行交流。

（四）语法教学时间不足

英语教学包括多方面技能训练，而教学时间又较为有限，可以分配在语法教学的时间更少，部分教师认为语法教学枯燥。因此，无论在公开课、评优课或是其他评选活动时，教师都更倾向于选择口语、听力、阅读等课型，以体现课堂的丰富多样。因此，相对于其他英语教学活动，语法教学时间偏少，学生缺少练习时间和对语言组织规律的加深与巩固。

（五）轻视英语语法意识的培养

学生通常较为抵触英语考试中的改错题，因为改错题中出现的语法错误也是他们日常学习中经常出现的错误，所以他们很难看出其语法错误所在，也就无从下手去改正。此外，学生也经常对于自己在英语写作中出现的语法错误全然不知，因为他们对语法不敏感。学生缺乏语法意识很大原因在于，在语法教学过程中，教师更注重语法规则而不是语法意识的培养。语法意识的培养是一个循序渐进的过程。从语法知识的认知、语法规则的提炼和应用到语法意识的培养，是学生英语语法能力不断深入发展的过程。因此，在语法教学中教师应首先重视培养学生的语法意识，进而才能为学生后续进行阅读写作等活动打好基础。

（六）学生对语法学习不感兴趣

学生学习效果很大程度取决于其学习兴趣。语法知识纷繁复杂，规则很多，难以记忆，语法学习也相对比较枯燥，因此，许多学生对学习语法不感兴趣。即使学生有时可以记住语法规则，但也不会正确使用。教师需要运用多样化的教学方法，使枯燥的语法学习变得生动有趣，最大限度地激发学生的兴趣。

（七）教学方式单一，忽视文化教学

教师在语法课上仍然采用传统的教学方法，即先讲解语法概念和规则，然后进行相应的练习。整个教学过程中，教师始终处于主导地位，学生处于被动地位。这种教学方式不仅不能激发学生的学习兴趣，还无法有效地提高学生的语法能力。此外，教师没有将语法教学与文化教学相结合，这使学生无法理解由文化差异引起的英汉语法差异，不利于学生对语法的深层次掌握。

第二节　学科素养与听说教学设计

听和说是利用语言达到交流思想、传播文化的重要载体和工具，也是对

语言掌握的程度和技能的一个直观体现。听说教学不同于阅读、词汇、语法教学的一个方面是，听说教学对突出学生主体地位的要求更高。如何在听说教学中达到英语学科素养的要求，是教学过程中的难点，也是英语教学改进的重点。

一、从学科素养的角度分析听说教学

前文已经分析过，学科素养包含了学科基础知识、基本技能、基本经验、基本品质和基本态度，具体到英语学科体现在语言能力、文化意识、思维品质、学习能力，这四方面能力都与听说相关。人类学习任何一门语言都是先从"听"和"说"开始的。"听"来自外界环境对大脑的脑细胞产生的语言刺激，通过听者内在认知和对信息的重组形成一定的信息流，获得对语言的新认知。而"说"是基于说者既有的认知，对既有信息和外部信息的重新组织与输出。

通过听，能从对方说话的节奏、语调、重音的突出变化来理解说话人要表达的内容，也可了解其情感态度；通过口头表达，可以让他人了解自己或他人的经历，表达自己的观点并举例说明；能够介绍我国传统节日和我国传统文化；能够根据不同的交际场合和口头表达的对象，选择合适的日常交际语言，保持良好的人际关系。

通过英语听说的练习培养学生对该门语言的运用能力，提升文化意识、发展思维品质、提升学习能力，不但能实现运用语言达到交流的目的，同时，能够更好结合英语阅读与写作，锻炼基本技能，正确树立学生的价值取向，促进学科素养的提升。

二、听说教学设计

听说教学是英语教学的重要组成部分，以培养学生听说能力为主，兼顾英语读写及词汇语法等语言知识的学习。听说课主要通过创设情境增加学生听说训练，促进学生读写，使学生综合运用语言的能力得以提高。通常教师按照听前、听中和听后的教学模式来设计听说教学。

（一）听前

教师通过导入和一些活动的设计，帮助学生运用头脑中原有知识对听力材料进行预测，使学生对后面的内容和活动产生兴趣。听说课常用的导入方法是情境导入法，在情境中设置讨论主题，激发学生听和说的兴趣，使之积极参与到课堂中。与此同时，教师还需对听力材料中的关键词汇预先处理，减少学生听力过程中的阻碍。教师可采用的听前活动多种多样，如，看图猜内容、图片与描述进行连线、根据提示标序号、用所给词汇回答问题、用所给词汇描述地点等，教师可根据课堂实际需要选择。

（二）听中

学生通过教师设计的活动获取听力材料信息。此环节教师需渗透对学生听力技能的训练，引导学生将材料信息总结归纳，加以内化。常见提问方式如下。

（1）细节、时间、地点、价格

①对话发生在什么地点？

②材料中二人在谈论什么？

③他们计划去哪里度假？

（2）辨认人物之间的关系

①对话中二人是什么关系？

②这位女士是什么职业？

③这位男士是谁？

（3）文章主旨或大意

①文章主要在谈论什么？

②文章大意是什么？

③文章主要想表达什么内容？

（4）因果关系

①主人公为什么不在这里？

②主人公为什么上学迟到了？

③文中这位女士为什么离开了？

（5）理解说话者的意图（态度与感受）

①男士对报道的主要态度是什么？

②从对话者语言中我们能获得哪些信息？

③文章要告诉我们什么？

教师要提前梳理听力材料信息，设计问题尽可能包括细节和主旨。同时，还要形式要多样化、有层次和梯度，使学生通过听的活动能理解所听资料的信息，将信息内化。具体活动安排如下。

（1）快速阅读，寻求答案与理解。

（2）跟读练习，学生在理解的基础上模仿语音语调。

（3）帮助学生获取信息，如，标记重点单词、短语、句子，为完成听后任务做好准备。

此环节是培养学生听力着眼点的重要环节，需引起教师特别重视，要求教师能根据不同听力材料设计不同活动，并组织学生交流、展示和评价。

（三）听后

教师组织学生对所听材料进行反馈，活动形式可以多样化，如，根据图、表等进行对话，复述听力材料，针对听力材料阐述自己的观点，将听力内容进行延伸，跟读，角色朗读等，把听和说相结合进行训练。

三、听说教学原则

（一）整体原则

英语水平是各种知识和技能的综合。在英语教学中，知识和技能的各个方面都是相互关联的。在英语专项训练中，教师应该具有整体观，科学指导学生将英语知识和技能融会贯通。

（二）实用原则

随着多媒体技术的发展和教学设备的更新，英语课堂可使用的现代工具也越来越多样化，这为听说教学提供了极为有利的环境。但在实际教学中，教师应根据课堂实际需要，选择适合的教学工具。对教学工具的使用以制造活跃课堂气氛、积极引导学生、提升教学效果为原则，不应为使用工具本身而过多浪费时间，分散学生注意力。

（三）"双主"原则

"双主"即教师的主导性和学生的主体性。听力课和口语课都应给予学生充分锻炼自己的机会，为学生提供良好的环境条件，采取以学生为中心的"讨论式"教学，在讨论中培养学生积极思考和勤于发言的习惯。

（四）交际原则

语言学习的最终目的是交际，听说能力是进行交际的重要条件。因此，在整个听说教学的过程中，各个阶段、各个环节都要体现出交际原则，打破简单机械地听材料做练习的教学和学习方式，从根本上提高学生的听力和口语表达能力，培养学生的语言思维和语言意识。

四、听说教学设计案例

以 *Friendship* 为例，按照听前、听中和听后三个阶段设计相应教学活动，探讨英语听说教学设计。

（一）教学目标

（1）知识与技能目标。掌握重点词汇和短语：add up，have trouble with，get along/on，fall in love（with sb.）等。

（2）过程与方法目标。通过快速阅读文章主人公信函与课后习题，预测听力内容，并解决生词，扫除听力障碍；通过自主学习与合作探究，讨论并分享在生活中遇到交友方面的问题以及处理措施；运用新的词汇短语表达自己的见解。

（3）情感态度与价值观目标。能够正确对待友谊，在学习与生活中树立正确的友谊观；培养遇到问题正面解决的积极生活态度；培养乐于交友、珍惜友谊的情感与价值观。

教学目标设计意图：

①学生能够掌握基本语言知识点并加以运用。

②帮助学生不断培养学习的能力，养成会学习、讲方法的习惯。善于结合上下文材料进行预测，在听力过程中有的放矢，掌握文章整体架构。

③学生在生活、交友等方面逐渐走向成熟。他们的思想丰富，想象力强，逻辑思维能力占主导。思想和环境各方面的影响迫使这一阶段的学生需要有面对压力的能力，需要教师培养学生抗挫折、勇于面对问题和解决问题的能力。因此，教师在教学过程中要充分体现学生为主体地位的教学，鼓励学生大胆发言，在教学中融入积极乐观面对生活的价值观念。

（二）教学方法

交际法 Communicative method（创设对话，同学交流）。

讨论法 Discussing method（根据问题讨论）。

（三）教学过程

1. 导入

导入方法有很多，教师可根据学生兴趣特点、教学环境等选取最能吸引学生的导入方式。

①情境导入法，提出问题：同学们都有朋友，在与朋友的交往中可能都遇到过麻烦，当我们被朋友误解时应该采取什么措施呢？

设计意图：直切主题，学生迅速了解即将学习的主要内容。同时，通过回答问题，学生能够对相关词汇和短语进行复习巩固，为课后总结做好准备。

②谚语导入法。

设计意图：复习相关词汇短语及句式，同时激发学生积累谚语的兴趣。当然还有更多的导入方法，这里不一一举例。

2. 教学过程

①听前。听前准备对英语听力有重要影响。教师应在教学中自觉培养学生听前准备的习惯。通常，听力材料中设计的问题将在听力材料播放之前分发给学生。这些问题可以有效地帮助学生理解听力材料的内容。在听材料之前，学生可以通读所有选项，并对选项中的重要信息有一定的了解，如，人

名、地名、时间、数字等。同时，这些材料可以缩小听力材料的范围，使听力过程更有针对性。

同时，教师可对新的词汇及短语稍做讲解，通过创设情境、举例等帮助学生掌握其含义及用法。

设计意图：为学生扫除听力障碍，引导学生对听力内容进行预测，推测文章大意，激发学生兴趣，帮助学生在听的过程中捕捉有效信息。

②听中。教师提出问题：丽莎向青年电台王女士寻求帮助，王女士会给她什么建议？

设计意图：设置简单问题检测学生对文章大意的掌握。同时还设置分层任务，以此鼓励学生，激发学生积极性，培养自信心及听力兴趣。

③听后。你同意王女士的建议吗？分组讨论。

设计意图：放手引导学生参与尝试和讨论，展开思维活动，培养学生之间合作探究的精神。讨论过程中可以练习学生的口语表达能力。

④作业。分享你对王女士建议的观点，并与你的同学讨论丽莎和她同学之间的友谊。

设计意图：开放式作业，新颖独特的巩固练习，不仅可以使学生巩固所学知识，又可以提高学生的实践能力和知识运用能力。

第三节　学科素养与语法教学设计

一、学科素养与语法教学的关系

新颁布的英语课程标准将英语课程的总体目标确定为培养学生的综合语言应用能力，这种能力的形成是基于学生的基本知识和技能、情感态度、学习策略和文化意识的全面发展。这就要求教师在设计教学过程时，应以促进学生的全面发展和终身发展为前提原则，树立新的教育教学理念，培养学生的英语语言运用能力、自主学习能力和良好的人格素质，为他们的终身学习和发展奠定基础。

新课程标准建议，教师应避免简单地讲授语言知识，在课堂教学中应采用实践性强、目标明确的任务型教学方法，使学生有明确的目标而主动学习。在完成任务的过程中，学生通过实践、思考、调查、讨论、交流与合作来学习和使用英语。

因此，在课程标准的指导下选择教学内容和组织教学活动是语法教学的首要任务。通过教学不仅要让学生掌握语言知识，加快学生对语言材料的理解，纠正语言表达，还要让学生发展一定的英语交际技能，为他们的终身学习和可持续发展奠定良好的基础。

学生学习英语要能够真正运用英语，并在实际应用的过程中进一步发展自身的语言技能。教师通过创造良好的语言环境，引导学生进行大量实践，使学生通过体验、感知、参与和交流形成语感；通过观察、发现和归纳掌握语言规律，形成有效的学习策略，并培养学生沟通与合作的能力。

二、语法教学的必要性

随着教育改革的深入，英语教学越来越重视提高语言运用能力。"淡化语言知识"的观点使教育工作者对教学产生另一个重大误解，即过分强调能力培养，而较少系统地教授语言知识。事实上，只谈能力而忽视知识将导致能力成为"无源之水"。

能力的培养离不开扎实而系统的语言知识。我国学生学习英语离不开语法。学习者习得母语时，其处于一个良好的语言环境，所以无须学习语法就可形成语感，并获得使用母语进行日常交流的能力。然而在学习英语时，绝大多数学生并没有学习英语的语言环境。在此情况下，学生只有掌握对基本知识和语法结构系统，才能提高英语学习的效率。

在新课程三维目标的引导下，教师更注重学生能力的培养，但部分教师忽视知识的重要性，导致学生基础知识薄弱，不但不能促进学生能力的提高，反而影响能力的发展。教师只有充分认识到语法教学的重要性，才能努力做好语法教学，使学生认识到语法在语言学习中的重要性，努力学好语法，为终身学习奠定良好的基础。

学习语法的最终目的不是让学生记住语法规则，而是通过语法更好地理解和使用英语，并用英语进行适当交流。教师应正确看待语法教学在整个英语教学中的地位，既不能夸大也不能忽视语法教学在英语教学中的重要作用。在英语教学中，教师应该讨论的不是如何淡化语法教学，而是如何优化语法教学。

三、语法教学的基本原则

英语新课程强调培养学生的交际能力。交际能力包括语言能力、社会语言能力、语篇能力和策略能力。交际能力的培养离不开语言能力的发展。语言能力是交际能力的基础，语法是语言能力的组成部分，不容忽视。语法的特殊性赋予它应有的重要性和课堂教学的特殊性。从影响语法教学的各种因素可以看出，要成功地进行语法教学，需遵循一定的原则。

（一）激发动机原则

动机是一切教学活动的保证，语法教学也不例外。许多学生对语法缺乏兴趣。因此，激发学生学习动机在语法教学中尤为重要。激发动机，要注意选择适合学生年龄、认知、语言水平并与学生生活经历相关的话题，激发学生的想象力或好奇心，使学生愿意与同学交流。同时，要避免单纯的机械练习，允许学生自发开展活动，引导学生多注意语言形式，充分体现学生的个性化，从而使学生真实地进行交流。

（二）交际运用原则

教师应该有意识地将语法学习引入实用交际。充分利用教学情境，扩大交际活动。在实际应用中，句子通常被放在整体语言环境中，真实的语言必须与日常生活情境相联系，从而激发学生的语言表达冲动。学生用所学的语言表达的思想、观点和感受越多，其语法就会练得越好。

在交际过程中，学生通过复述、造句、写作等练习活动，增加针对性的语法练习，不断规范句子结构，熟练掌握语法的正确运用。此外，开展课外阅读也是增加语法练习的一种方式，阅读本身就是一种交际形式，学生在大量课外阅读中频繁接触并复习巩固学过的语法知识，从而加深对语法的理解，在阅读中体会更多适合语法运用的情境。

（三）循序渐进原则

语法具有一定的逻辑性，在学习并运用语法的过程中，教师要根据学生能力基础和心理发展水平，从简单到复杂，从一般到特殊，有系统有条理并且循序渐进地安排教学，使学生能够系统完整地掌握语法知识，提高语法使用能力。

（四）方法多样原则

语法知识包括的内容广泛，在教学中，教师应根据各项语法的不同特点、用法和功能采取不同的教学方法。教师在讲解语法知识时，首先应针对语法特征进行分析，归纳语法本身的规则条例，形成系统性的知识，其次通过情景模拟，让学生在实践中使用语法，通过不断练习达到流利表达，在巩固语法知识的同时让学生感受到学习和运用语法的乐趣，改变学生对语法学习枯燥、单调的认识。

（五）精讲多练原则

教师应精讲语法知识，结合自身的教学经验，抓住关键语法问题并进行分析，把握语法知识的重点、难点和疑点，教师应针对重点问题进行讲解，并澄清难点和疑问，使学生准确掌握语法知识，同时，在消化理解的基础上化知识为技能，并学会举一反三。另外，教师要精心设计练习题目，在符合学生实际水平基础上选择适合并具有实用性的练习方式。

第四节　优化听说教学与语法教学策略

一、听力教学策略

（一）预测听力内容

预测是指学生在听之前，根据教师提供的素材，如，图片、文章标题、背景音乐等，对即将要听的内容进行猜测；或者学生在听的过程中，根据已获得的信息预测下一步要听的内容。

（1）体裁预测法。不同体裁有着不同的语篇组织结构。例如，记叙文通常交代事情发生的起因、经过、结果、时间、地点、人物，有时也呈现倒叙或者插叙的结构；议论文往往先提出问题，再针对问题加以分析，最后得出结论，有时也会先提出某一个现象或论点，再加以论证；对于新闻报道，通常在开头有一个导语，概括所报道的时间；对于对话性的文章，一般会包括打招呼、谈话内容和告别几个部分，部分衔接处往往会有连接词等明显的语言符号。在听力教学过程中，教师要引导学生熟悉各种体裁框架，便于学生在听力开始时能够迅速对体裁进行预测，从而熟悉整体语篇环境。

（2）标题预测法。标题预测法是听力预测常用的方法，能够更快速、更直观地帮助学生对听力材料有整体了解。很多听力材料按照标题进行分类，学生通过对标题所含信息的提取，可预测听力材料的整体内容。

（3）主题句预测法。根据主题句对语篇内容进行预测。通常第一段落的首句往往是主题句，其中包含着该段的中心思想。同样，文章每一分段的首句也往往概括了该段的大意。将这些首句连起来便构成整个语篇的基本框架，尤其是议论文体裁的文章。

（4）功能词预测法。人们常会使用功能词（表5-1）来连接上下文。

表 5-1　承接上下文的功能词

表示"转折或对比"的词	but，yet，however，while，though，otherwise/or，on the contrary，on the other hand，on second thoughts...
表示"因果关系"的词	so，therefore，consequently，thus，as a result（of）...
表示"概括和总结"的词	all in all，in short，in brief，to sum up，in a word，above all，in conclusion，as was stated/ mentioned above，as you know...

这些功能词在很大程度上为听者指明方向，提供帮助。

例如，The girl will go to the forest on Sunday because...（可预测原因）/ and...（可预测附加信息）

（二）掌握技巧

要求学生通过谈话的细节领会说话者的观点、态度，推断人物的意图。

（三）体会英语语势

英语是"语调语言"，而汉语是"声调语言"，往往给人以一种掷地有声的感觉，而英语则犹如流水，整体的一种连贯性和高低起伏感与汉语明显不同。所以在教学中，教师应注意强调并根据不同内容为学生进行适当示范，帮助学生在听的过程感悟英语的语势与节奏。

（四）培养习惯

教师要鼓励学生做到"每天听"，也要为学生提供合适的听力材料，可以是与教材内容关联或难易程度相近的材料。也可以是学生感兴趣的新闻报道、生活故事、体育娱乐或是著名诗歌、散文等。教师可以设置奖励来激励学生，帮助学生培养习惯。

（五）良好心态

教师要引导学生在听的过程中保持良好心态，要注意听全文，不要随意停顿。遇到没有听清或没有听懂的地方不要紧张，可以根据文章的题材结构、整体大意和主题思想，以及学生已掌握的英美国家的文化背景、风俗习惯、逻辑、常识来猜测没有听懂或漏听的内容。

对内容进行判断时可注意以 what 开头的特殊疑问句，例如，What are the speakers talking about?

对场所进行判断时可注意 where 开头的特殊疑问句，例如，Where does the conversation take place?

对人物身份和人物关系进行判断时可注意 who 开头的特殊疑问句，或 What is the probable relationship...? 结合生活常识，根据言论和行为来判断人物关系和身份。例如，What is the relationship between the speakers?

二、口语教学策略

（一）发音准确

发音准确是口语的关键，发音如果不准会造成听力和理解的困难，阻碍听说能力的提高。准确发音除了能够准确读出词汇，还要注意句子的语音语调，如，重读、弱读、连读、辅音浊化、爆破等。有了一定发音基础，才能为英语口语教学奠定良好基础，使教学达到事半功倍的效果。

（二）实施课堂互动

互动包括师生互动和生生互动两种模式。师生互动不是简单地由教师提出问题再由学生回答问题，而是教师对学生的回答和响应做出反馈或应答，进而学生再做出反应，如此不断交流才能产生真正的师生互动。生生互动必须是在教师指导下进行与教学内容相关的活动，教师要明确和强调教学目标，避免学生将讨论重点集中在内容上而忽略对口语的练习，如，有的学生不擅长使用英语表达而又急于表达时过多使用汉语，这就失去了讨论和互动的意义。此外，教师还应对互动的效果做出符合学生水平的反馈，可用不同的反馈方式，同时注意反馈用语应委婉，以保护学生自尊心。

（三）创设表达情境

教师可以结合学生兴趣创设情境，激发学生口语表达的热情。通过组织一些课堂活动，如，话题讨论、角色表演、讲故事、电影配音等，为学生营造表达氛围，既丰富课堂，也给学生锻炼的机会。创设情境可以借助身势语、表情、多媒体、音乐等手段，增加课堂趣味性，提高学生参与度；也可以选择真实主题，选择最自然、最适合言语交际的情境，并从情境中选择交谈话题，如，医院就医、陌生城市问路、上街购物、饮食、天气、文娱活动等。

（四）文化导入

文化导入从词语文化和话语文化进行。词语文化的导入主要体现在民族文化中特有事物的概念与含义不同，如，"龙"在我国与英美国家具有不同的象征意义；话语文化的导入内容主要包括话题的选择，如，谈天气、收入、年龄、隐私等。

文化导入要与教材融合，基于对教材的熟练掌握，教师设定的导入情境要自然直接，易被学生理解和掌握；文化导入还可以利用多媒体，多媒体在文化导入方面有特殊优势，能创设栩栩如生的情境，使学生产生身临其境的感觉。

三、语法教学策略

（一）联系学生实际，教学生活化

学生对语法知识的掌握并不意味着他们能够正确应用语法知识。学习语法必须与大量的实践相结合，把语法与生活联系起来，把语法知识转化为生活知识，这样才能有效地提高学生的学习兴趣，增强他们使用语法的能力。

许多学生在学习英语时，只要提到"语法"，就会感到枯燥和单调，并有一定的恐惧心理。因此，在教学中，教师首先应该调动学生的学习兴趣，帮助他们克服对困难的恐惧。在备课过程中，教师需要将枯燥的理论与现实生活相结合，激活学生的元认知。通过谈论学生最感兴趣的生活话题，调动他们已有的知识，增加他们的学习动机。课堂教学主题应力求从学生的实际生活出发，从周围的事物切入，以降低学生的抵触心理。

（二）注重能力培养，教学任务化

英语教学的任务是帮助学生提高运用英语的能力，许多教学活动设计与现实生活并不相关，但为了培养学生的语言运用能力，教师需要为他们设置真实的生活场景并制定相应的任务。在完成任务的过程中，学生能更多适用英语进行理解和交流。为了让学生熟练掌握"问路"和"指路"的表达方法，教师可借助真实环境中的学校设施，如，教室、操场、医务室等，让学生进行自由对话练习。但学校中通常没有交通灯，学生不能够针对"turn right""turn left"和"at the crossing"等短语进行练习，此时教师可以借助地图，为学生设置练习任务，让学生在模拟情境中完成任务，提升学生对语法的实际运用能力。

（三）生动语法教学，教学情境化

传统的英语语法教学方法通常是教师在课堂上先讲解一定规则，然后让学生做练习，教师分析典型错误，并要求学生课后记忆各种语法规则，再进行大量练习，最终达到教学目的。这种形式不但让学生和教师感到疲惫，而且往往效果不佳。如果将其转化为"看、听、说"的教学形式，并在适当的教学情境中开展，就可以真实、立体地向学生展示语法使用的背景和环境，充分调动眼、耳、脑、口，让学生沉浸其中，激发学生积极参与的愿望和学习的热情。

真实情境中的对话练习可以帮助学生准确、快速地掌握和使用相关短语和句型，从而达到灵活使用的目的。

根据语言学习的规律，学生必须吸收适当的语言材料，进行充分的语言练习，才能流利自如地表达个人观点和情感。而环境模拟训练可以帮助学生记忆和利用所学知识，教师应努力在课堂上创造一个语言环境，让学生尽可能多说多练，从而提高英语教学质量。

此外，教师应引导学生在语境中掌握语言知识和规则。只有这样，学生才能在使用语言时脱口而出，即真正学会使用语言。在语境中教授语法可以使学生更清楚地理解语言和单词，而不是只关注语言的形式和单词的片面意义。只有这样，学生才能认识到同一句话和同一个词在不同的场合下可能有不同的含义，从而促进学生灵活地学习和使用。

因此，在英语教学中创设情境是一种值得提倡的好方法。事实上，有很多对话话题都是贴近现实生活、符合交际规则的。例如，问候、自我介绍、问路、购物、打电话等。教师可以引导学生在真实情景中进行对话和角色扮演，并尝试在课堂上使用英语，这是创设情境教学的基本要求。

（四）让教学兴趣化

兴趣往往来自活动。当学生在活动中使用语言时，他们的大脑在发挥积极作用，他们对所学语言的感知和理解更清晰，想象力更活跃，思维更深入，记忆力也更强。因此，学习应该是主动的，活动应该是交际化的，交际应该是真实化的。这是实践教学中的一项重要技巧。

同时，教师应该把握语法规则，使学生在兴趣中将个人认识结构和立体意识和谐统一起来。例如，以学习定语从句为例，学生在学习初始阶段往往倾向于使用简单句，而不是按照要求借助定语从句进行交流。此时，教师可选择学生感兴趣的话题，如，谈论身边的朋友，这会让学生乐意表达，产生表达的热情，教师再进而要求学生运用定语从句来完成对其朋友的描述，部分学生通常会这样描述：This is my friend. She studies very well, and she often helps me. 句子的表意很清楚，但是不符合要求。此时，借助小组学习，同伴的提醒"This is my friend who studies very well and often helps me."来代替。这样的提醒不仅有助于正在描述的学生及时调整自己的句型以满足任务要求，而且也促使该学生注意新语法知识点的应用。同时，也提醒即将参与描述的学生有意识地使用这种新的句子结构。学生会逐步实现从"不知"到"熟悉"再到"掌握"的知识转化。因此，学生在接下来的学习过程中能够逐步培养使用新语法知识的意识，无形之中对不熟悉的语法知识达到灵活运用的程度。

总之，作为语言结构的基础，语法需要引起教师和学生的关注，语法学习和语法教学绝不是简单的学与教的过程，而是要根据情境变化而变化。这就要求教师在教学实践中认真思考和研究，不断探索新的教学方法，不断更新知识，找到适合学生实际情况的教学方法，让英语教学过程更有趣，以适应英语学科发展对语法教学的要求。在教学中，要以学生为主体，把语言教学与语言技能的培养结合起来，提高学生的英语实践能力和使用能力。

（五）常见教学方法

（1）迷你情境。"迷你情境"是一种展示性教学策略，展示过程可有效利用图片或视频。教学过程为：根据要展示的语法项选择合适的图片或视频；提出有关图片或视频的问题，以展示新的语法项目，或设计表格，组织学生填写；根据图片说明所展示语法项目的用途；学生练习模拟情景。

（2）图片案例。通过图片组成的故事来显示语法项的一种方法。具体操作可参考以下教学步骤：教师引导学生进入情境；显示图片；组织学生开展小组活动，调查案件。活动前，教师应明确说明活动的任务；学生报告调查情况；教师总结学生的活动，并鼓励学生总结所学语法项目的用法。

（3）野餐。野餐是一种交际语法练习，可以用来练习句型的使用，也可以用来练习所学的材料名词。

（4）找主人。这是一个游戏活动，用于名词性物主代词和形容词性物主代词的教学。适合在练习阶段使用。

（5）旅游。这是一项交际活动，学生可以通过旅游模拟练习掌握特定的语法项目，如，"疑问词＋不定式"的用法。

（6）虚拟情境。人人都会"设想自己的未来"。在语法课堂教学中，教师可以利用人们的这一心理设计"虚拟未来"的活动，训练虚拟语气的用法。该活动可采用小组活动，也可采用全班活动的方式。

（7）猜测模仿。该活动通过对动作的描述练习现在进行时语法的应用。

（8）原因探究。这是一个半控制练习，控制学生语言的使用。它要求学生在解释时使用某种句型。不受控制的是学生的想象力。学生可以充分发挥想象力，做各种各样的练习。例如，用"某物阻止某人做某事"的句型解释一种现象。

（9）爱好选择。"爱好选择"是一种个性化的联系，要求学生根据自己的真实情况做出喜好选择。

新课程标准要求教师改变传统的语法教学方法，采用能激发学生学习兴趣的语法教学方法，将语法教学与听、说、读、写技能的训练相结合，并与语言的实际使用相结合，以提升学生的语言实际运用能力。

第六章 学科素养与英语词汇教学

词汇是语言最基本的组成单位，是交流的主要载体。英语词汇是贯穿英语教学的重要环节，提高对英语词汇教学的认识，完善词汇教学方法，加强对学生学习词汇的指导策略，将有效提高英语词汇教学的效率。

第一节 英语词汇教学的理论基础

词汇是语音和语法的载体，是组成语言的最基本材料。没有词汇，也就无所谓句子，更无所谓语言；没有词汇，任何语言都是不可想象的；没有词汇，就不能有效地进行听、说、读、写、译，就无法有效地用英语进行交际。

一、词汇的含义

词汇，又称语汇，是语言的构建材料。它是语言中的单词和用作固定单位的固定语的总和。每种语言都有自己的词汇。词汇是语言的重要组成部分。语言是根据一定的语法规则，依靠词汇形成有意义的话语。掌握足够的词汇是成功学习英语的基础。

词汇对于人类交流和语言学习非常重要，只有结合成文字的语言才有价值。词汇中既有语音信息，也有语法信息，词汇比语言的其他组成部分包含更多的信息，词汇和短语是语言使用的核心，词汇量是学生英语水平的重要体现。因此，词汇教学也应该成为英语教学的核心。

词汇被看作英语教学中学生最难掌握的部分，随着学生英语程度的不断提高，语法带来的困难会越来越少，更多困难来自词汇。学生词汇量对学生听力理解、阅读理解、口语和书面表达能力都有直接影响。没有足够的词汇量，听力材料不能够完全听懂，阅读文章一知半解；没有足够的词汇量，口头和书面表达都会词不达意，令听者或读者费解。所以，词汇学习是英语学习的重要内容。

二、英语词汇教学内容

词汇教学是英语教学的重要组成部分，词汇教学的内容不仅包含词汇的发音和形式，还包含词汇在语篇和语境中的深层内涵，以及词汇背后的文化意义。词汇教学中，教师要教会学生使用词汇学习策略来记忆词汇，并使用词汇去理解和表达不同的意图和态度；教师要教会学生根据不同的交际场合、话题、人际关系等因素，选择合适的词语进行交际和表达。词汇教学内容包括以下四个方面。

（一）词汇的形式

词汇的形式不仅是词汇最基本的信息，也是学生应该掌握的最基本的内容，包括发音、拼写、词性和构词。词汇的发音和拼写是词汇的基础，也是教师教授词汇和学生学习词汇的出发点。词汇的词性只能在特定的文本和语境中确定，这也是教师在教学中需要注意的一个方面。

（二）词汇的意义

词汇的意义包括词汇的意义类型和词汇的意义关系。英语词汇教学注重词汇在语篇和语境中的深层内涵，以及词汇背后的文化意义。因此，理解和掌握词汇的意义也是词汇教学内容的一个重要方面。

词汇的意义类型。词汇的意义有三种类型：词汇的概念意义、附加意义和语用意义。

词汇的概念意义，即认知意义，是指一个词或短语与客观世界有关的部分意义。概念意义是语言交际的核心因素。它是一个词的中心或基本意思。它为人们提供了正确使用这个词的标准。教师和学生往往更关注词汇的概念意义，因为词汇的概念意义是词汇的基本意义，是学生掌握词汇的基础。在英语词汇教学中，词汇的概念意义受到教师和学生的广泛重视。

词汇的附加意义是一个词或短语的概念意义之外的各种附加意义。它包括情感意义、社会意义、文化意义、联想意义等。词汇的附加意义不是语言的基本部分，而是相对于概念意义而言的语言附加部分。这个附加意义指的是人们对这个词或短语中所指的人或事物的感觉或态度、社会环境的意义、能引起听众或读者联想的意义等。

三、理论基础

（一）元认知理论

所谓元认知，是认知主体对于认知活动的自我意识和自我监控，包括元认知知识、元认知体验、元认知监控。[①]

（1）元认知知识。元认知知识是主体对认知活动的一般性知识，包括影响认知活动的因素、各因素间的相互作用及作用的结果。元认知知识具体包括策略性知识、关于认知任务的知识及自我知识。策略性知识是有关学习、思考、问题解决策略的知识。关于认知任务的知识包括情境性知识和条件性知识，不同的认知任务需要不同的认知策略，在培养学生不同学习与思维策略的同时，也要发展学生的条件性知识，即知道何时及为什么运用相关策略。自我知识包括了解自身认知活动中的优势与不足、自己不了解的知识以及运用何种策略去发现必要的信息。

（2）元认知体验。所谓元认知体验，指的是伴随着认知活动的有意识的认知体验或情感体验。[②] 元认知体验有各种各样的表现，如，在认知活动中取得成绩可能会使认知主体产生信心，也可能是遇到失败从中获得教训等。积极的元认知体验会激发认知主体的热情，调动其认知潜能，提高认知效率。

（3）元认知监控。元认知监控是认知主体在认知活动中，对认知活动不断进行积极、自觉的监控和调节，包括制订计划、实际控制、检查结果、采取补救措施。

① 袁东波.学生自主学习指导策略 [M].天津：天津教育出版社，2019.
② 邵志芳.认知心理学——理论、实验和应用 第3版 [M].上海：上海教育出版社，2019.

以上三个基本要素紧密联系、相互影响，共同制约着人的认知活动。

词汇学习过程是信息加工过程，即认知过程，词汇的输入、储存、使用等过程都受制于元认知因素，因此，有必要将元认知训练纳入词汇教学中。教师可以帮助学生选择恰当的学习内容，制订有效的学习计划，并对学习结果进行评价与调整。

（二）建构主义理论

关于建构主义理论，本书在第四章第一节已做过介绍。建构主义学习观的核心是学习是由学习者基于自身知识经验，自觉自主建构知识的过程，而不是被动接受知识。在英语词汇教学中，运用建构主义理论进行教学，是以学生既有知识与概念为基础，通过概念转变不断建构新的概念。教学过程中要创设合作探究的情境，让学生通过讨论对比并交换意见，对新概念进行拓展和运用，开展有效的学习活动。

以建构主义理论为指导，教师可采取全新的教学方法，不再用以往讲课前先讲单词的方法，而是就课文内容提出问题，通过学生独立思考和分组讨论，对所学内容概括认知，有所预测。此时，教师再根据新单词的意义引导学生思考其尚未预测到的内容，从而使新单词和内容产生紧密联系。这样学生学到的单词不是孤立的，而是与具体的人物和事件有关联。此外，教师还可运用联想搭配、语义加工、词根解析等策略展开教学活动。具体教学策略见本章第四节。

（三）自我效能理论

自我效能理论是个体在行动前，对自己在何种水平上完成该活动应具备的信念和自我感受的把握能力。

（1）自我效能决定和影响人的选择以及应对选择的努力和信念。人的自我效能高，选择的项目及锁定的目标往往具有挑战性，遇到困难时就会坚定自己的选择和信念，以坚韧不拔的毅力和克服困难的决心应对挑战，从而取得最终成功；相反，如果人的自我效能低，则往往设定的目标也低，遇到困难挫折时容易退缩或逃避，不会迎难而上，这样达不到目的也没有任何效果，会逐渐让人失去信心。

（2）自我效能影响人的情感反应和思维模式。自我效能高的人会将注意力集中在解决困难以及完成任务上，充分利用自身与外界环境达成目标；而自我效能低的人往往将注意力集中在完成事情的困难或是不利的后果及曾经的失败上，给自己造成很大的压力或者焦虑，严重阻碍自身已有的行为能力。

（3）学生的自我效能。学生的自我效能主要表现在学业自我效能、认知自我效能和调节自我效能。学业自我效能是学生对自己学习能力的评价；认知自我效能是学生对自己完成学习任务和日常生活要求的认知能力的判断；调节自我效能是学生对自己调节学习活动或其他活动的能力所持有的信念，信念越强，学生对学习目的就越确信。

自我效能会对学生产生全方位影响。首先，自我效能影响学习动机。自我效能高的学生会正确对待学习中的困难，制定高目标高标准，遇到困难会勇往直前，付出更大努力，坚持更长时间。而自我效能低的学生恰恰相反，遭遇失败时，容易否定自己。其次，自我效能影响学业情感。自我效能高的学生往往信心十足充满激情，而自我效能低的学生往往意志低沉，没有自信。最后，自我效能影响学生对学习行为的调控。自我效能高的学生设定更高的学习目标和自我评价标准，自觉进行自我监控。而自我效能低的学生学习目标不是很清晰，也没有很好的时间管理和评价标准，因此，学习目标很难达成。

（4）自我效能与英语词汇教学。通过以上分析可以看出，学生自我效能对学生的成绩、心态、目标、方法、技能各方面都有着重要作用。教师在词汇教学过程中应充分认识自我效能的内发力量，帮助学生产生合理积极的自我认知，增加学生自我效能，从而保证教学进度与质量。

①体验成功。学生对英语词汇学习不感兴趣甚至排斥，很大一部分原因是学生没有在词汇学习过程中体验到成功的乐趣，久而久之失去信心，此时学生更需要鼓励，需要教师增强其自我效能。教师应为学生设定其通过努力可以达成的目标，让学生在此过程中得到自我认可与他人认可。针对学生基础不同的情况，教师要为学生分层布置学习任务，使每个层次的学生都能够合理地自我定位，有方向有目标。除此之外，学生的努力是需要及时得到评

价和鼓励的，教师应设置灵活多样的评价机制，在对学生词汇学习进行评价时不要一味追求词汇量的多少，而要注重学生词汇学习的质量及其学习态度和学习过程，尽量对其学习状态进行全面了解，这样对学生的学习评价才更客观。

②提供榜样。每位学生都有向师性，教师的言语、行为、举止都为学生所关注。在教学中，教师应为学生提供榜样来提高其英语学习自我效能。教师要树立良好的词汇学习态度，展现对词汇学习的兴趣和热爱以及自身的专业水平，与学生建立良好关系，充分发挥积极影响作用，关注学生心理发展，成为学生的师友。

③合理归因。归因是分析结果产生的原因。不同的归因会直接影响人们的自我效能判断和随后的思想行为倾向。一般来说，将成功归因于能力或努力将有助于提高自我效能感，而将失败归因于努力不足或其他外部原因不会降低自我效能感。因此，在英语词汇教学中，教师应善于引导学生进行正确归因，并将成败归因于内部可控因素，这将帮助学生从自身找到原因，增加他们对成功的期望，并提高他们的自我效能感。

④有效激励。积极反馈是提高学生自我效能感的重要条件。首先，教师应该尊重学生。无论面对什么样的学生，都应该让学生意识到自己被尊重，尤其是对一些成绩不理想的学生。其次，教师应积极强化学生的学习过程和行为，使学生在鼓励和积极暗示中获得更大的学习动机。最后，教师应及时反馈，使学生意识到努力与结果的关系，从结果中看到努力的意义，提高学习自我效能感。

⑤良好氛围。情绪能够直接影响学生学习的自我效能感，紧张的情绪会降低学生的自我效能，教师要通过与学生建立良好的关系或精心设置教学环节来创造积极轻松的学习氛围，维持学生良好的情绪，使其能在轻松有序的环境中学习，逐渐提高自我效能。

第二节 英语词汇教学的现状与问题

词汇是学习语言的基础，词汇量的多少直接影响语言学习的效果。但是词汇的学习并不容易，背单词对于大部分学生来说都是一项非常枯燥的学习任务，这主要是由于词汇教学中存在一些问题，下面将分别从教师和学生两方面分析词汇教学的现状与问题。

一、教师教学现状与问题

（一）忽视学生的主体地位

根据新课标理念，学生应处于学习的主体地位，教师在教学过程中应扮演引导者的角色。虽然很多教师都明白这一教学思想和指导，但在实际英语教学过程中，教师往往受教学进度、考核制度等各方面的压力，很多时候仍然以教师讲授为主而忽视学生的主体地位。

词汇教学是开发学生智力的重要教学环节，对培养学生记忆力、观察力、思维能力、想象力、创造力都起着至关重要的作用。在此情况下，学生充分发挥自身学习能力，运用自身所具备的英语词汇基础对相关词汇规律进行归纳和总结，从而记忆新词汇，同时在总结归纳的过程中对词汇本身的意义及用法加深印象。此外，学生在自学过程中通过查词典能够接触到更多精彩例句，充分调动学生积极思考和练习造句的热情，不但能记住词汇本身含义，对其用法也能够熟练掌握，相对于教师一味灌输的教学方法，引导学生自学无疑是锻炼其学习、记忆、使用能力的绝佳方法，这种学习方法使得教学效果事半功倍。

（二）教学方法单一

英语词汇繁多，没有科学有效的方法，只单纯依靠人的记忆力死记硬背，久而久之便会使学生感到枯燥，对学习失去兴趣和信心。而纵观英语词汇教学，很多教师仍然采用传统教学方法，即"教师讲解词汇—学生理解记忆"，在此过程中教师仅仅将单词的不同词性、含义及用法作为重点教给学生，没有巧妙运用合适的教学方法，帮助学生在学习过程中将词汇深深刻在脑海中，学生仍需要在课下利用大量时间记忆单词，这明显降低了课堂效率，无形之中加重了学生的学习负担，令学生产生抵触心理，严重影响教学效果。

（三）与学生生活联系少

英语教学中，教师往往局限于课本知识的讲解及学习，根据教学计划按部就班执行教学任务，注重任务的完成而忽略教学效果的达成，只讲教材涉及的词汇内容而没有结合学生实际生活拓展内容。一些教师还认为，仅讲解教材内容就已经使课堂时间安排非常紧张，无暇顾及更多内容。但这种情况的出现是由于教师没有对教材进行有效取舍，对教材的使用过于死板。教师在教材的使用过程中，应充分认识和理解教材编写的目的，以达到实用性为原则，合理取舍和适度扩展，尤其在词汇教学中，教师应补充一些与所教词汇相关并与实际生活紧密联系的内容，让词汇学习变得丰富有趣味。

（四）缺乏学习策略指导

有些教师认为词汇教学只需要让学生记住单词，会拼写并掌握简单词汇就足够了，关注于学生的背诵和听写，缺乏全面完整让学生系统学习的意识和教学策略，教学内容松散。有些老师甚至提出，单词的学习要依赖于自己的累积、记忆，老师只要协助他们默读、核对，就可以达到词汇的教学目的。可见，部分老师对词汇的理解是浅显的，仅仅关注于词汇的拼写和意义，而忽视了语音的发音，也没有指导他们发掘词汇的语言文化背景。

个别教师依旧是在学习新单元内容时，将词汇放在单元开头集中统一讲解。在词汇教学时，只是运用黑板或PPT呈现并讲解，没有结合语境和原文，这种教学让学生倍感无趣，学习过程极其枯燥乏味。教师应充分有效利用信息技术为词汇教学服务，有意识引导学生了解和掌握一定的学习策略和技巧，鼓励学生通过查字典、课外阅读等各种方式自学，积累并扩展词汇量。

（五）忽视学生个体差异

学生来自不同地区，原有英语基础、对单词掌握程度和学习方式、对知识点接受节奏的快慢、理解和接受能力、学习方式等方面都有很大差异，个人差异产生学习差异。

（六）缺乏实践

词汇学习的终极目标是能够熟练掌握和使用单词。在英语词汇课上，教师要给学生创造贴近实际情境的学习环境，培养学生听、说、读的能力。在写和看等活动中，学生可以更好地掌握词汇。只有在实践中练习单词的使用，才能使他们更好地理解和掌握单词。但现阶段，教师为学生提供的实践练习机会太少，这不利于学生灵活掌握词汇。教师应多创造一些模拟情境，为学生多提供练习机会，以提高学生学习效率。

二、学生学习现状与问题

（一）重数量轻质量

词汇学习既需要量的积累，也需要质的把控，质与量相辅相成。单靠量而无品质地学单词是毫无价值的；反之，单靠教学而不积累词汇量也是不行的。在词汇学习中，要做到量与质的均衡，才能使学习者的英语水平得到提高。但是，在过去的一段时间里，英语教学中存在着只讲究数量而不讲究质量的现象，忽略了对词义的深刻认识与应用。

（二）重语义轻用法

在英语词汇教学中，许多学习者仅注意词的意义而忽视其固定搭配、常用表达方式和相关俗语。尽管学生有一定的词汇量，但是在书写或口头表达时，却不知道使用哪一个词才更准确、更地道，导致学与用上存在脱节。另外，在词汇教学中，学习者对单词的固定搭配缺乏足够的关注，无法有效地促进学生的语感和语言能力的提升。

（三）死记硬背

大家都知道词汇是一门外语的重要组成部分，在英语教学中，大家也都非常注重词汇的掌握，还花费了很多的精力去记忆单词，但是都没有达到预期的结果。这是由于大部分的同学都是死记硬背，这样做既单调又没有效果，即使记住了也会忘记，所以效率非常低。其实，把单词和上下文联系在一起，可以帮助学生更好地理解单词，从而使他们更好地掌握单词，增强记忆词汇的效果。

（四）缺乏探究意识

很多学生总是被动地听教师讲授知识，自己不会主动地去研究知识，因此，在学习英语单词时，无法掌握英语单词的记忆规律和快速记住单词的方法。面对数量剧增的英语单词，学生逐渐产生不耐烦的情绪，而不是转换思路，主动摸索构词规律，深入研究文化背景及词汇和词汇的关系。学生缺少求知欲，缺少对事物探索的积极性。

第三节　学科素养在词汇教学中的作用

英语学科核心素养主要由语言能力、文化意识、思维品质和学习能力构成。居于首位的语言能力体现着对学生听、说、读、写等语言技能的要求，而无论哪种技能，都需要学生掌握一定词汇量，通过词汇的组合完成交际任务。时代发展要求教学改革需要以核心素养为导向。基于核心素养的教学使教师更加关注学生的全面发展，这有助于培养具有全球化视角的跨文化交流人才，具有时代价值和现实意义，对于英语词汇教学来说，核心素养在实际教学活动中发挥着重大的指导作用。

一、教学观念转变

教师的教学观念直接关系到教学效果。长期以来，教师往往认为词汇教学的任务是解释单词的意义和用法，然后给出简单的例子。学生的任务是利用课后时间通过听写来记忆单词。教师不太关注学生如何记忆，而只是通过听写的准确性来衡量学生对单词的掌握程度。这种教学方法要求学生课后花大量时间机械地记忆单词。有些学生甚至不通过拼写来记住单词，而是死记硬背字母的排列，这给学生带来沉重的学习负担。

核心素养的提出促进了教师教学观念的转变，使教师更加重视词汇教学，教师逐渐意识到词汇教学不仅仅是列举实例和向学生解释用法，而是为学生提供练习和使用词汇的机会，应该将课堂教学定位于学生核心素养的提高，将教学目标定位于学生核心素养的全面发展。观念的转变促使教师积极探索词汇教学的方法和策略，从确定教学目标到课前介绍、课中指导和课后巩固，每一环节都要充分体现学生的主体地位，积极发挥教师的组织和指导作用，帮助学生克服学习词汇的心理障碍，培养学生的思维、创新和文化意识，并提高学生的学习能力。

二、教学方式转变

教师的教学方式由传统的灌输式向启发式、讨论式和探究式转变，教师发挥引导作用，充分调动学生的积极性和主动性，设计丰富多彩的教学活动，为学生理解和使用词汇提供更多的锻炼机会，使学生以饱满的热情参与教学活动，并在合作学习中得到及时的评价、反馈、纠正和鼓励，解决了学生词汇学习枯燥、低效的问题，使词汇学习更加有趣和高效。

（一）重视音标教学，培养学生拼读拼写能力

教师要对音标教学引起重视，并注意培养学生拼读和拼写单词的能力，使学生通过掌握英语发音规则，根据单词音节划分方式，熟记字母和字母组合对应的语音，从而记忆整个单词。这种方式可以锻炼学生通过读单词就能拼写单词的能力。经过长期训练，帮助学生统一单词的读音和拼写，在大脑中建立音与形的联系模式，培养学生科学记忆单词的方法和良好的思维习惯。

（二）重视构词法

教师在教学中更加重视构词法的教学，为学生讲明派生法、合成法、缩略法等构词法，引导学生通过认识词汇体系记忆单词，培养学生判断词类和词义的能力。通过这样的教学方式，学生就可以借助构词知识记忆并理解单

词，扩大并巩固词汇量，通过对一个单词的记忆掌握对多个单词的认识，在培养学生举一反三能力的同时提高了学生学习词汇的兴趣。

（三）重视阅读量

教师对阅读量也更加重视，注重在教学中提高词汇复现的频率。部分学生在记忆单词的过程中总是记得慢忘得快，而且忘得多记得少，主要原因就是缺少重复。单词能够牢固记忆的关键是通过各种方式不断重复，尤其是通过阅读和完形填空的练习。经常阅读和练习不但能够帮助学生记忆单词，而且能够增加学生语感。学生通过大量阅读可以不断对学过的单词强化，加深记忆。此外，学生还可以以周为单位，针对练习或试卷中的题干及选项中不懂的单词进行整理归纳，每周检测自己的掌握情况，以此培养独立自主学习词汇的能力。

（四）思维导图记忆高频多义词

在阅读、练习和记忆词汇的过程中，对于高频多义词，需要学生重点掌握词汇的核心语义。为避免学生混淆，教师可利用思维导图的方式，使学生在大脑中形成词汇的认知语义网络，使原本零散的词汇记忆变得系统化。在以后学习中遇到某一单词时，也更容易激活语义网络提取线索恢复记忆。

（五）通过上下文判断词义

联系上下文推断词义是认识单词、记忆单词、夯实词汇基础的重要方法，也是培养和提高学生阅读能力的重要方式。在词汇教学中，教师可指导学生根据上下文、定义、解释说明、词语搭配、文章对比关系、因果关系等对陌生单词进行猜测。除运用文本信息外，学生还可根据生活经验、常识进行推理，经过猜测推理过程，对单词产生初步的认识和判断，然后再通过查字典加以验证和归纳。

教师在词汇教学中要认真研究考纲对于学生词汇学习的标准要求，全面指导学生对词汇的基本含义、引申义、语法功能、一词多性、一词多义等知识的掌握，培养学生在阅读中根据语境猜测词义的能力，并明确单词词性及其在句子中的成分。教师在进行多义词教学时，可把一个单词的不同词义、词性有意识安排在一个例子中，让学生通过对比进行理解，通过联想达到记忆。

（六）重视情境教学，培养理解词义能力

教师应在课堂上为学生创造语言环境，培养学生词汇的文化内涵，使学生获得感性材料，并从听、说、读、写等不同角度培养学生的语言技能，充分调动学生的兴趣，激发学生的积极性，帮助学生熟悉上下文中单词的含义，掌握单词的用法，加深理解。

（七）课内课外并举，隐性显性结合，拓展词汇学习渠道

传统的词汇教学大多局限于课堂和教材，而现代英语词汇学习提倡三维教学法：直接词汇教学、附带词汇学习和自主策略开发。

直接词汇教学是指在教师的指导下，有意识地、专业化地、显性地学习词汇；附带词汇学习，又称内隐词汇学习，是指在各种语言活动中学习词汇。自主策略开发强调教师应鼓励和引导学生充分利用各种学习工具和资源，将词汇学习从课内拓展到课外，并通过广泛的课外阅读或自主学习活动有效地扩展词汇知识。

（八）科学记忆，循序渐进，提高词汇学习效率

记忆是语言学习中最重要的认知能力。英语学习离不开记忆。科学记忆词汇需要多种感官参与，及时复习，以提高处理速度和记忆效率。词汇学习也应该循序渐进，因为任何单词的理解、记忆和掌握都需要一个过程。

三、教学意识转变

核心素养理念下，教师不再只把词汇教学重点放在提高学生语言能力这方面，而是同时重视对学生创新意识、文化意识的培养，营造教学氛围，提供创新舞台，课堂中增加提问，引导学生独立思考，使学生在课堂上始终保持活跃的思维状态，提高学生实践能力，培养学生抗挫能力。通过词汇学习让学生理解深层次的文化内涵，了解国外艺术、风俗、文化和习惯，帮助学生发现语言文化的趣味。

四、学科素养在词汇教学中的体现

（一）单元教学

单元是基于特定目标和内容的学习模块。它是整个学科学习中不可或缺的组成部分。只有逐步地实现每个单元的学习目标，教师才能确保整个学科学习朝着正确的方向发展。单元设计反映了教师对教学内容和要求的总体把握。单元教学内容的确定要求教师围绕语言学习策略、语言思维、语言文化等方面提炼关键教学问题。

单元以知识为隐性线索，将知识学习、技能应用、文化体验、学习能力发展等方面有机地结合起来，在适当的语境支持下，为教师提供对某种教学问题的思考，不仅可以提高教师的教学能力，也能让学生获得有效的学习方法。针对词汇教学，教师可以首先确定单元核心词汇、单词释义及构词法，明确以听、说、读、写为能力指向的教学原则，通过对单词音、形、义、固定搭配的讲解让学生掌握核心词汇，并列举单词的近义词、反义词，再结合上下文进行同义复述，帮助学生理解、掌握、运用单词。在此基础上，教师再通过前缀、后缀、缩写等方法为学生扩展词汇，并组织单词配对、造句、填字游戏、翻译、联想等形式的词汇学习活动，使学生达到对单元词汇熟练掌握的程度。

由于教材设计通常以单元为单位，每一单元分为阅读、听力、写作等不同课型，通过对单元词汇的整体学习和记忆，学生能够在单元各种课型中增加使用和练习词汇的机会，使单词在具体情境中反复重现，加深学生对词汇的理解记忆。词汇学习活动需要调动词汇学习策略，如，根据单词的拼写规则拼写单词，养成按音节记忆单词的习惯；通过词汇分类和词块记忆来提高词汇学习的效率；巩固词汇，阅读适合学习的报纸和杂志。当然，词汇学习活动还包括语言和文化的理解以及语言的使用，如，适应用英语解释词汇并体验词汇的确切含义；在书面和口头交流中使用所学词汇，加深理解，提高词汇应用能力。

（二）设计综合实践活动

教师在掌握单元教学内容的基础上，从单元的核心学习内容出发，明确单元学习的能力方向和技能表现，结合教材特点设计综合实践活动。综合实践活动旨在培养学生的核心素养，促进学生的理解和表达，获得语感，增强文化体验，调动学习策略，形成语言思维，增强学习能力。综合实践活动的内容如下。

在阅读中习得词汇。学生通过跳读、扫读、泛读等阅读技巧，以及预测、判断、归纳、提取信息等学习方法，加深对阅读中遇到的词汇与语法结构的理解。教师在组织课堂过程中综合学生阅读、积累、欣赏、评价活动，帮助学生增进对词汇的理解与灵活运用。

在听说中习得词汇。教师通过组织课本剧编演、演讲、辩论等活动，让学生参与听记、复述、朗读、描述事件发展过程、表达观点等，以此纠正和强化学生的语音语调。

在写作中习得词汇。学生在写作中无论写人叙事还是表达观点，都需要做到语义连贯、语体正确、时间空间顺序符合逻辑，并写出正确的句子，因此，写作能够不断增加学生对词汇的学习和记忆。教师可组织书评、影评、小报制作、笔友结交等综合实践活动，为学生创造写作情境，练习单元词汇的使用。

（三）词汇教学中融入文化意识的培养

增加词汇量有助于提高英语水平，在词汇学习中理解词汇也很重要，要正确理解并掌握词汇，除了学习单词的语义和内涵，还要研究词汇背后的文化象征，了解了词汇和文化的关系，这样才能真正掌握语言的本质。

在实践中，个别教师经常忽视语言和文化的主要因素，只关注语言知识的讲解。而对于学生而言，尽管掌握了大量词汇和语法，但对词汇准确运用的能力却仍然有所欠缺。甚至有时将固有的文化模式运用到所学语言上而出现错误。因此，在英语教学中，教师需要更多关注对学生文化意识的培养。

（1）直接输入。目前学生学习英语的主要途径是以英语课堂为主，很少接触语言环境。所以当他们遇到与文化背景知识相关的文章时通常会感到很迷茫。在这种情况下，教师应充分发挥其主导作用。要充分准备与教学相关的文化材料，向学生介绍词汇的文化背景知识，以此激发学生学习语言和文化的兴趣，并激活课堂气氛。

（2）小组讨论。讨论是词汇学习的普遍方法，教师可为学生提供一系列文化话题，激发学生求知和展示欲望，引导其积极主动探索并分享，在提高学生语言表达能力的同时，也在讨论的语境中使学生增加文化知识。

（3）推荐阅读。词汇丰富的文化内涵体现在生活的各个方面，而课堂时间内学生能够习得的背景知识毕竟有限，为了拓宽学生知识面，有效增加其文化知识和词汇知识，教师有必要引导学生进行课外阅读，选择性推荐一些涉及英美文化且背景知识丰富的书籍资料，还要鼓励学生多参加英语活动。

（4）充分运用多媒体视听教学。随着英语教学的改革和进步，计算机等多媒体被广泛应用于教学中，为教学注入了新的活力。每周的视听课使词汇教学更加丰富有趣。多媒体展示的图片、视频也可以为学生创造学习英语的氛围。

（5）创造不同思维模式。在英语教学中我们经常发现学生以汉语为桥梁，通过先说或者先写汉语，然后翻译成英语的方式来完成英语学习，这种学习方法会使学生受母语的干扰。为了培养学生用英语思考的习惯和能力，首先，教师应使学生掌握好基本的语法结构和句型，巩固词汇，便于学生在说话或写作时充分考虑词汇和语法的准确使用；其次，教师要充分利用各种教学手段，如，广播、电影等介绍英美国家的文化习俗，鼓励学生遇到不理解的单词通过语境进行猜测，然后与学生一起交流讨论，在语境中，学生的思维就会由被动转为主动。教师不仅要关注和培养学生的文化意识，自身也要加强学习，充分认识、理解和研究文化差异，避免教学中出现知识错误。

第四节　英语词汇教学的策略

有关英语词汇教学的策略很多，但在实际教学中，词汇教学仍然存在很多问题，这是由于部分教师对词汇教学缺乏技巧，因此，掌握词汇教学的策略尤为重要，这不仅能增加学生在词汇学习过程中的趣味，也能使教师的词汇教学效率更高。

一、呈现词汇的策略

词汇教学首先要呈现词汇，不同教师呈现词汇的策略各有不同。教师应结合学生的年龄和水平以及词汇特点，在教学过程中选择合适的词汇呈现策略。下面介绍十种词汇呈现策略。

（一）直观事物呈现词汇

直观事物呈现指教师运用实物、图片、动画、小视频等简单直接、生动形象地呈现词汇，学生通过看和听能够直接认识词汇，这种方法帮助学生直接在事物与词汇之间产生联系，避免运用汉语进行翻译而增加思维认知难度。直观事物呈现能够帮助学生深刻记忆词汇，使学生学起来更轻松，注意力也更集中。此外，现代信息技术的广泛应用，录像、投影等多媒体设备的使用为学生提供了视觉新感受，画面由静变动这种形象化的事物更能激发学生的兴趣，多媒体设备的使用为学生创造良好的语言环境，帮助学生增加对词汇理解的广度与深度，从而提高学习效率。

（二）有效利用肢体语言和表情

教师可以通过动作、表情、声音等来"呈现"单词。老师的每一个动作都很容易引起学生的注意，生动有趣的身体动作和表情可以让单词学习更加容易。学生会通过模仿老师的手势和发音来学习词汇，并通过自己的方法把词汇的含义传达给老师和同学。老师在使用身体语言的时候要格外注意，既不要过于拘泥于形式，也不要太过夸张。总之，身势语是一种行之有效的英语教学方式，正确利用身势语可以有效提高教学效率。

（三）在语境中呈现词汇

语境是关于上下文的，也就是词语、语句、篇章及其之间的联系。不同民族在不同的文化和历史条件下，产生了各自的思维模式。例如，汉语中的"大婶""婶婶"等，要理解这个单词在文章里的具体意思，必须要和语境联系起来。教师要先给出上下文，让学生猜测单词的意思，然后再给出单词的解释。通过在特定上下文环境中展示单词，使学生能够正确地了解单词的意义，了解单词的使用情况，从而能够更好地使用单词。

（四）在情境中呈现词汇

词汇教学可以放在实际生活情境、模拟情境或想象情境中进行。英语学习需要利用某种特定环境，使学生在环境中充分发挥想象，接受新鲜事物，快速记住词汇并运用在具体情境之中，这种教学方式不但使学生生发学习兴趣，还培养学生交际能力。

例如，在学习有关家庭成员的词汇时，教师可提前收集学生家庭成员照片及其兴趣爱好，做个多媒体课件，课件中可插入漂亮的图片及动听的音乐。在课堂上鼓励学生把教室想象成自己的家，一一介绍家庭成员并对其家庭生活，如，看电视、做饭等进行模仿。学生在这样的情境中可以很快进入角色，并在情境中掌握有关家庭成员的词汇。

（五）用同义词或反义词呈现词汇意义

英语中有很多的同义字，如，phone-telephone、box-case、bike-bicycle，等等。当然，也有许多同义字都是相对而言的，如，fine、pleasant、kind、fine。从这一特征出发，我们不能将词语的同义字分开来看待，而应该将其置于特定的句法之中。同义替换可以使同学们更快地学习和掌握词义及其用法，降低词汇学习的难度。

此外在英语中，反义词也随处可见，如，smooth-rough、hard-soft、clean-dirty 等，通过反义词对比能够使学生更容易理解词义。在日常的课堂中，老师还要引导同学总结出同义、反义的用法，比如 much 和 many 都是"多"，little 和 few 都是"少"，但是他们的词汇特征却是不一样的。much和 little 都用于修饰不可数名词，而 many 和 few 都用于修饰可数名词，它们不能互相替换。

（六）用上下义关系来呈现词汇

比如，教师在教授一个上义单词 animal 时，可以用以下的单词来解释，如，dog、rabbit、frog、tiger 等。通过这种方式，学生可以更清楚地理解单词和单词的联系，并且能够很容易理解这个单词。在日常课堂教学中，教师可以让学生对单词进行分类，如，color、fruit、vehicle 等，这种方式能帮助学生更好地理解单词的意思。

（七）用构词法及常见的词缀呈现词汇

英语词汇量庞大，但它本身有其内在规律可循，掌握基本构词法有助于突破记忆单词的难关。

（1）利用同根词扩大词汇量。如，教过 excite 后，经过构词分析，学生就可以推测出 exciting、excited、excitement 的意思。

（2）利用分析词缀的方法。如，在教 recall、review 时，学生已掌握了 call、view，要向他们解释前缀 re– 的含义是"again"，在此基础上学生就能推测出 recall、review 的含义来。

（3）利用分析合成词的方法。如，学生在 air 与 line 的基础上，就很自然推测出 airline、airliner 的含义。

（4）转化法。转化法也可以帮助学生扩大词汇的使用功能，如，head、dirty、warm、cool 等名词、形容词均可以转化为动词使用。为此，在词汇教学中，教师要向学生介绍构词法的基本知识。

（八）解释与举例

英语解释法是用简单的、学生们熟悉的词汇来解释新的单词，使学生利用自己原有的知识掌握新单词。

通过用简单英语解释词汇，既锻炼学生听力，也帮助学生重复记忆旧的词汇，了解更多词汇知识。此外，对那些意义抽象的词汇，教师除了解释还可以举例说明，这样学生能更轻松地掌握词汇的意思。

（九）利用词块呈现词汇

词块是词与词的组合，一般指同现频率较高、形式和意义较固定的大于单词的结构，具有整体性，如，under-the-table（私下的）、big-time（赫赫有名的）等。

学会一个词块就能学会许多词汇。通过词块进行词汇的教学，可以有效地减少词语的误用，特别是在书面和口头表达中，词块的运用能反映出学习者的语言能力。英语课堂应强化词汇块的学习，充分利用词块，激发学习者对语言表达的兴趣。

（十）对比易混淆词汇

英语中很多词语都具有相似的词形和语义，在课堂上进行比较，可以使学生更好地掌握词语的用法，如，form-from、advice-advise、hard-hardl、choose-choice 等。对于常见的同义字或短语，要适时地使学生了解其异同，从而在实践中能更好地应用。

上面是几种常用的表达单词的方式。教师在实践中应灵活运用各种方法，为学生提供各种机会练习运用词汇，使学生掌握词汇的运用。

二、巩固词汇的方法

作为一名教师，要指导学生运用各种方法复习、巩固和运用新学到的单词。以下是一些强化英语单词的教学方式。

（一）看图片猜单词

教师或学生出示图片，其他学生说出或写出单词，看谁猜得又快又准。

（二）排列字母组单词

将单词字母顺序打乱，学生通过写出或者运用卡片排出正确单词，这种方法有助于学生准确掌握单词拼写。

（三）用读音规则记单词

英语发音也有一定规律可循，如，m[m]、b[b]、e[e]、th[θ]、p[p]、k[k] 等，通过发音规律记忆单词，不但记忆快，而且也不易忘记，正确拼读音标对英语持续学习有重要意义。

（四）单词归类

教师展示多个词语由学生进行分类，或者教师按组出示单词，请学生对每一组中不同类的单词进行区分。

（五）联想的方法

教师说出一个词语，学生在规定时间内写出与之相关的词汇，这种方法可以帮助学生把词汇记忆置于一个与词汇相关的语境下，联想组合越紧密，学生越容易记住词汇。

（六）找同义词或反义词

例如，要求学生从以下词汇中找出三组同义词和三组反义词：

arrive at，both，in，build up，find，above，neither，set up，go on，below，lose，carry on.

（七）利用构词法巩固词汇

（1）通过加前缀、后缀，构成派生词，例如，actual adj. 实在的；真实的。actually adv. 实际上；事实上。fluent adj. 流利的；流畅的。fluently adv. 流利地；流畅地。fluency n. 流利；流畅。

教师可以给出词根，请学生列举由此派生出来的词汇。

（2）单词与单词组合构成合成词。例如，blackboard、railway、basketball、scarecrow、watchdog 等，都是通过简单单词组合构成的合成词，通过简单组合记忆新的词汇不但简单而且记忆牢固。

（3）利用读音记单词。有的单词同音同形，但是意思截然不同，例如，May（五月）—may（可以）、Miss（小姐）—miss（想念）、lie（位于）—lie（撒谎）等，对于这类单词教师要引导学生对它们进行严格区分，使学生熟练掌握单词的意思。

还有的单词同音不同形，当然意思也不同，如，son-sun、their-there、where-wear 等，这类单词在语音测试中经常出现，而且在口语和听力中经常引起混乱，必须结合上下文意思进行辨别。

在英语中，有些单词具有两种读音，不同读音具有不同词性，在句子中可充当不同成分，而且词性一般随着读音的不同而变化，如，use 做动词和名词时的发音不同，close 做动词和形容词时的发音不同等，需要教师特别强调以引起学生注意。

（八）用词造句巩固词汇

学习单词的目的是使用，使用的过程中单词就不可能独立存在，而是放置于特定的语言环境和句子当中，因此，通过造句的方法记忆词汇不仅能帮助学生记住单词本身，还能帮助学生掌握该词用法。在造句之前，教师应有意识引导学生研读教材和词典给出的例句，弄清单词本身的含义以及在特定句子中的含义，然后再进行模仿造句，灵活地变化部分句子成分。通过对典型例句的熟读记忆和造句练习，学生可以明确词汇的词性和用法，灵活运用所学词汇进行表达。

（九）句子接龙或扩写句子

在英语单词教学中，增加了一些游戏，既能营造出一种轻松、融洽的氛围，又能使学生掌握单词。例如，进行"句子接龙"的活动，可以复习已经学过的词汇。而扩写句子可以用于单词的训练，也可以用于语法和句式的训练。

（十）强化写作训练，增加词汇量

在写作训练中，学生可以将学到的新词运用到写作当中，增强单词使用的频率，通过这种方式加深对单词的理解，巩固对单词的熟练程度。写作训练可以使学生将英语学习与生活联系起来，进一步提高学生的学习兴趣。另外，词汇是英语学习的基础，因此，学生在学习英语时，要不断增加词汇量，不断学习新词、巩固旧词，促进英语词汇量的稳步提升。在实际的学习环境下，要充分利用不同的学习方式加强对词汇的掌握，从而真正地提升英语的学习效果。

三、英语词汇教学的策略训练

英语教学的教学课时有限，课堂中的教学内容大多集中在理解、练习和简单的基础上，但词汇的掌握上需要经过反复的强化和练习。下面是一些英语词汇教学中可采取的教学策略。

（一）定期复习

及时、定期的复习在词汇学习中起着举足轻重的作用。定期复习可以采用"一二七"的原则，一、二、七分别代表学习新词汇的第一天、第二天和第七天。在最初学习的前两天往往是学生遗忘最快的两天，如果前两天不进行复习很可能导致知识完全遗忘。相反，如果把握住前两天复习的关键期，记忆减退的程度将会大大降低。所以，前两天是保证新单词不被遗忘的关键时期。而第七天一般是学习与记忆的第一个小周期，此时再进行复习，能够更好地对单词进行巩固。

（二）根据语境猜词

根据语境猜词是指学生在阅读过程中遇到生词时，能够结合前后文对陌生词汇进行猜测，而不是碰到生词就查词典。学生在猜测词汇过程中需要认真思考，这一过程有效促进对词汇的记忆和保存，这能够使学生对词汇记忆更牢固。学生在通过语境猜词时，会根据一个词所处的语言环境，运用生活经验、逻辑推理、普通常识，并结合同义词、反义词、定义、举例等推断词义。

（三）有效组织词汇

英语词汇量大，教师要引导学生及时将所学词汇进行整理归纳，按照一定规律进行分类储存，按照不同类别或话题组织词汇，而不是机械地按字母顺序进行整理。学生可以运用自己的方法，采用不同形式进行归纳。

（四）使用词典

词典是一门语言的重要组成部分，它的正确运用有利于培养学生的独立思考能力。对学生而言，可以选择英汉两种语言的词典，这样可以更精准地解释单词的意思，让学生更加深入地理解单词的意思。老师在让学生从语境中猜单词的意思时，若他们不能猜出单词的意思，可以使用字典。在使用词典学习单词时，要先从词汇的不同意义入手，并结合语境判断哪个意义更符合实际情况。

（五）掌握适合自己的学习方法

目前，英语词汇的学习方法有很多种，学生要学会运用老师所提供的学习方法，并能从中选出最适合自己的学习方法。在教学中，教师要经常指导学生对自己的词汇学习战略进行评估，及时发现问题并进行修正，组织学生积极地相互沟通，共同进步。

总地来说，英语的教学和学习都是有规律的。在课堂上，教师要指导学生树立正确的学习目的，培养他们战胜困境的自信，并在学生解决问题的过程中培养他们的能力和毅力。

第七章 英语教师学科素养的培养与提升

近年来随着我国英语课程教学改革的发展和要求，学生学科素养的提高和发展已经越来越受到国家、社会、学校及家长的重视，对学生学科素养的培养不仅是为了实现教育大纲和教学标准的要求，同时，也是国家提高全民素质、培养全面发展人才的时代需求。然而无论教育改革如何发展变化，学生学科素养的提高和发展都要通过教育来实现，而教育又离不开教师这一关键因素，因此，教育的综合全面发展要建立在教师学科素养的培养与提升上。本章我们将围绕英语教师学科素养的培养与提升进行探讨。

第一节 英语教师学科素养的内涵及要素

随着新课程改革的不断深入，教育工作者的教学理念、教学方法、教学模式等都受到影响，产生巨大的变化，具体体现在学生的自主学习、合作探究以及学校的课程安排、课程设计、教学活动的策划与组织、家校合作等各方面都有明显的改善，体现出多方合力向着教育改革目标努力，学生被关注的程度也越来越高。而在此过程中，对英语教师整体素质的要求也在不断升高，英语教师学科素养的概念也被运用得越来越广泛。尽管如此，人们对于英语教师学科素养的内涵以及它所包含的要素却不是十分清楚。学科素养是相关学科对人的素质与精神层面的影响，教师的学科素养是其能够在教育教学活动中对学生素养层面产生积极影响的重要保障，教师的学科素养包含的内容，除了普遍被人们理解和认同的专业知识、教学态度，还涉及其他方面。本章将教师学科素养概括为以下几个要素：学科态度、学科追求、学科知识、学科技能和学科研究。具体到英语学科则指的是英语学科态度、英语学科追求、英语学科知识、英语学科技能和英语学科研究。

一、英语学科态度

英语学科态度是教师对英语学科应持有的态度。作为一名英语教师，只有对英语学科充满兴趣和热爱，具备勇往直前不断探索的追求精神，才能够在教学中生发教学热情，并将这种热情传递给学生，进而在教学中不断开拓创新，提高教学质量。因此，英语学科态度是一名英语教师应具备的最基本的学科素养，它影响着教师对英语学科研究的广度、深度和高度，也影响着学生在英语学科教育上的起点。

英语学科态度还可以延伸到英语教师对待英语教育事业及学生的态度上。英语教师应具备较强的专业素质，同时还应保持健康的心理状态，对学生学习英语起到积极带动作用。除此之外，英语教师还应具有英语教育事业的热爱、对学生的关爱和对教育教学工作的责任感，只有保持端正的教学态度，才能逐渐与学生养成和谐共处、互相信任的良好师生关系。从意志上看，英语教师还需要有足够的决心与勇气去克服教育教学中出现的困难，为学生树立起不惧艰辛、坚持不懈的榜样，帮助学生克服英语学习中遇到的各种困难；从性格上看，基于英语学科的开放性，英语教师需要具备开朗大方、活泼幽默的性格特点，以热情感染学生，在欢快的课堂气氛中让学生真正喜欢上英语。

二、英语学科追求

学科追求是一种精神，英语学科追求即英语教师对英语学科的追求精神。英语教师要能够对英语学科设定具体清晰的目标，并保持不断探索和进取的精神，努力实现目标，不断发展、丰富、提升自我，并一直在英语教学中保持和体现这种精神。英语学科具有很强的开放性，英语课堂往往不同于其他学科课堂，教师不但要创造出丰富多样的教学活动使学生在兴趣中习得学科知识，更要在情境中让学生熟练掌握语言的应用。因此，英语学科对教师的相关能力，如，组织策划能力、课堂感染力、对学生的影响力、想象力、创造力等都具有较高的要求。这也提醒英语教师要不断完善自身，提升专业水平，这样才能够搭建起充满活力并且高效的英语课堂。因此，英语教师要不断制定目标、实现目标，对学科一直保持追求精神，不断在教学中进步。

三、英语学科知识

英语学科知识主要指英语教师对英语这门语言学科所掌握的知识，它是英语教师从事英语教学工作所必需具备的知识储备。英语教师要有充足的英语知识和完善的知识结构，能够明确英语的知识体系，从最小的词汇单位到句型、语法、语篇等，掌握知识间的内在关联及思想方法，明晰英语学习目标，灵活运用英语学习策略。在新课程改革要求下，英语教师的教学要进行大单元设计，这种设计需要教师从整本教材甚至延伸到整个年级学段，再到教材的模块和单元进行设计，这对教师的宏观知识、微观知识及教师整体规划能力都有很高要求，教师只有系统掌握英语学科知识，脉络清晰、层次分明，才能在设计教学时合理制定教学目标，突出重点，突破难点，运用合适的教学方法，在教学过程中游刃有余。英语学科知识具体体现在以下三个方面。

（一）英语专业知识

英语专业知识主要包括英语语言、西方文学、英语教学的相关理论知识，如，单词学、语言学、西方文化、英语教学法等。英语教师想要开展高效的教学课堂，必须要拥有足够精深的英语专业知识，这也是英语教学的保障。教师自身可以通过学习英语专业知识感悟语言之间的内在逻辑关系，从而掌握英语语言的一般规律并进一步了解西方文化。此外，这种学习还能够帮助教师站在学习者的角度上对学生的学习过程与学习情况进行感受分析，以此结合学生学习的特点来运用合适的相关教学方法，以保证教学的效率。

（二）教育专业知识

一名合格的英语教师除了要有足够的专业知识，还需要掌握扎实的教育专业知识，这也是每一位教育工作者所必备的知识内容。这就要求英语教师在平时能够积极参与到教育心理学、英语教学心理学、青少年心理学等方面的学习中去，这样才能对学生的心理发展特点、学习中的心路历程等进行有效把握，并根据其特点对自身教学模式与教学方法进行调整与改进，这样才能使英语学科教学符合学生的发展特点，并能够根据各个学生的不同特点因材施教。

（三）丰富的社会文化知识

英语不仅仅是一种人与人之间的交流工具，它还含有丰富的文化内涵，具有一定的人文性。这在一定程度上要求英语教学除了要教会学生使用这门语言，还要引导学生在语言的学习中感受其中的文化内涵，提升自身综合人文素养，并开阔视野，在与文化的交织与碰撞中丰富学生的阅历、发展创新能力，增强爱国精神。这就要求教师在教学之前充分研读教材，丰富自身的人文知识与相关社会文化背景知识。这样才能在教学中引导学生对我国文化与英语国家文化进行深入感知，使其逐渐开阔视野，形成跨文化意识。

四、英语学科技能

英语学科技能是英语教师教授英语学科所需要具备的技术和教学能力。英语技能主要指英语听、说、读、写、看等技能，英语教师专业技能的高低很大程度上决定着学生专业技能的高低。只有教师熟练掌握和灵活运用各项技能，在教学中不断使用并向学生传递各种技巧使用的方法与策略，才能带动学生各项技能的提高。英语能力是教师在英语教学活动中实践和发展起来的，反映教师教学活动要求的能力体系，包括英语系统学习能力、调控交往能力、组织管理能力等。英语教师要组织好一堂课，课前备课是必不可少的，但是再好的教学设计也要通过课堂活动来实现，如何能够将教学设计顺利并有效地进行，使教学达到其至超过预期目标，这都依赖于英语教师的英语能力。英语学科技能主要体现在以下九个方面。

（一）综合语言运用能力

培养学生的语言能力是英语学科教学的首要任务，也是英语学科素养的核心。这种语言能力不仅包括对学生听、说、读、写等的技能训练，还包括对学生理解和应用语言知识的能力的培养，帮助学生在学习中逐步形成语言意识和交际意识。因此，在英语学科教学中，培养学生语言能力具体包括培养学生认识、理解英语，如，学习英语的意义、英语与文化和思维的关系、英语作为国际语言的重要性；掌握英语语言知识，能够运用语言知识进行表达；理解各种体裁和主题的口语及书面表达；流畅的口语交流和书面表达。

（二）课堂组织与管理能力

英语教师课堂组织与管理能力体现在两方面：首先，要合理安排课堂时间，科学分配知识点的密度，充分把握知识点的广度与深度，教学中要紧紧围绕教学目标，突出教学重点，突破教学难点。在实际组织教学过程中，教师可能会遇到学生的配合程度、知识点对于学生接受的难易程度等与其预期和计划不相符的情况，教师要能够及时调整教学计划和活动方式，始终坚持以学生为主体的原则，使教学达到最佳效果。其次，教师课堂组织与管理能力还体现在学生在课堂上的积极度和参与度方面，教师要建立良好的师生关系，使课堂教学在轻松和谐的环境下进行，要时时观察学生，激发学生参与课堂的强烈欲望，保持学生学习的高度热情，使其踊跃参与活动与讨论。同时，教师还要掌握好课堂活跃的尺度，既然是课堂，就必须有一定的课堂纪律，不能使课堂教学显得过于随意，呈现无组织的状态。

（三）合理处理教材和选择适合教学方法的能力

为适应大单元备课与教学，英语教师需要有全局意识，在对教材进行充分把握的基础上，能够结合学生现有水平和认知特点以及教学的实际情况，根据不同的教学内容和要求，对教材进行整合利用。例如，为了更好地激发学生的学习兴趣，让英语学科教学更加贴合学生发展需求，教师可以对教学方法、教学内容甚至教材顺序进行适当调整，以此体现知识点之间的内在联系，使之更符合学生学习和掌握的规律。教师还可以根据教学实际，合理删减或者拓展补充教材内容等，只要不偏离教学大纲和课程标准，教师就可以对教材进行合理处理。

在进行教学活动时，教学方法的选择具有较高的自由度，这也要求教师能够掌握各种教学方法的特殊性与其独特的优点，教师要能够针对其优点进行选择、搭配和使用，能够根据课堂类型和教学内容，善于构思，巧妙设计，使英语课堂更加高效和有趣，让学生对教学内容充分理解和掌握。例如，许多教师所钟爱的讲授法，即在课堂上教师通过口头的讲述将知识传递给学生，这种方法如果使用不当，很容易让学生感到枯燥乏味，逐渐失去学习的兴趣。但是对于一些难以理解的知识点，如词汇、语法的用法，如果缺乏详尽的解释和指导，学生很难真正理解。在这种情况下，教师要充分发挥自身的感染能力，把学生的注意力吸引到课堂上来，可以同时结合练习法、任务驱动法，让学生通过练习、分组讨论发现语言规律，并通过联想法，调动学生的联想能力，帮助学生记忆，最后通过延伸、拓展和推理想象，将新旧知识点进行结合整理，帮助学生形成知识框架，加深学生对知识的理解。

（四）运用现代教育技术的能力

英语课程具有很强的操作性和实践性，随着现代科技的发展，多媒体技术被广泛应用，英语教学中也应用了现代化的高科技手段，这为英语教学提供了极为便利的客观条件。信息化、网络化、教学现代化已成为发展趋势，这要求英语教师的思想和技能都要与科技的发展同步。首先，从思想上，英语教师要认识到，科技的进步为教育提供高科技手段可以进一步提高教学效率，教师要具有学习、了解、运用新型教学工具的意识；其次，在技能上，英语教师由于非相关专业出身，应用方面可能会存在一定困难，但是要有克服这种困难的决心，努力向他人学习，学会使用高科技手段并将其灵活运用到自己的教学中，为学生创造一定的外语环境，增强语言交际的真实感，提高学生的求知兴趣，使课堂教学更加生动形象，以此提升教学质量。

（五）合作能力

合作在教师工作中无处不在，无论跟学生、同事还是跟家长，都需要教师充分发挥其合作能力。首先，在课堂教学中，教师要学会调动学生对知识的渴望，利用多种手段激发学生学习的兴趣，同时，注意学生发展的差异性并进行因材施教，使每个学生潜力都得到充分发挥。但这需要教师与学生之间的合作，要让学生积极参加课堂教学活动，从而使课堂氛围活跃起来，提高教学效率。其次，英语教师要加强跟同事之间的合作。现在英语教材的知识量大，如果教师单独开展教研活动，成果会微乎其微，但是如果在教学研究中，教师能够与其他教师形成团队，共同开展教研活动，自觉征求和积极采纳他人的建议，充分发挥集体优势，如，在教研小组中，几个人分工协作，每个人负责几个主题，并分别查找材料，这样不但能够提高工作效率，而且工作和专题研究也更加具有针对性。最后，现在一直在提倡家校合作，英语教师要能够与学生家长保持密切的联系，及时从家长那里了解学生学习、生活、心理等各方面的情况，全面了解学生身心发展，与家长之间建立起充分信任的关系，从而更好地提升教学效果。

（六）学习策略指导能力

学生的学习策略是其"学会学习"的核心，也是其自主创新学习的基础。"授人以鱼不如授人以渔"，在英语学科教学中，教师不仅让学生汲取到更多的知识经验，更要对学生的自主学习、语言运用等能力进行培养提升，要教会学生"怎样学习"，帮助学生掌握有效的学习方法与技巧，根据学生的认知特点，充分估计学生在学习过程中可能遇到的各种问题，帮助学生克服各种学习障碍，给予有效的学习策略指导，引导学生在自主学习中有效完成任务。在整个过程中，教师要充分尊重学生的主体地位，让学生真正成为学习的"主人"，教师应充分发挥自身的引导作用，帮助学生解决问题，让学生在实践中掌握学习的技巧与方法，自主实现知识的发掘与内化。这也要求教师要根据学生的不同情况为每位学生制定不同的学习策略，让学生通过利用学习策略对学习材料重新加工产生新的认识。最后，对于学生学习策略的使用是否合理有效，教师要做到有效监控。

（七）创新能力

现代英语教师必须养成独立思考的习惯，遇到问题要积极思考，形成自己独立的见解，具备较强的求异思维，在遵守教学基本规则、传承优秀文化的基础上，培养和提高自身的创新能力。创新能力包括对基础知识、学习能力、思维能力、实践能力、意识和精神多方面的创新，创新能力需要逐渐培养，教师要多读书、多记忆、多思考，持之以恒，锲而不舍。教师要对教材深入研究，发现其中的创新思路，多角度进行教学，给英语课堂增加趣味，使课堂更具创新性，教师要能给予学生更加丰富并具有深度的问题，让学生充分发挥思维跳跃性，加强师生之间的交流，活跃课堂气氛。在教学过程中，教师要充分发挥想象力，结合教学内容为学生创设各种情境，借鉴其他优秀教师课堂教学内容，提升自身创新能力。

（八）评价能力

对学生学习的评价方式多种多样，最常见的是在阶段教学之后，通过相关测试等来检验学生的学习效果，并对其做出评价。这要求"测试"具有准确性与针对性，需要教师能够根据先前教学设计出具有一定科学性，且能够反映出学生能力水平的高质量习题，这样才能够保证评价的科学性、针对性与准确性。在进行评价时，还要求教师能够正确运用统计学原理对学生的测试结果进行分析，以此找到自己在上一阶段教学中的不足之处及学生学习的短板，并及时有效地进行查漏补缺，在之后的教学中加以改正。同时，针对学生学习特点对教学的重难点进行合理安排，在不断的评价与改进中提升教学质量。

（九）组织第二课堂的能力

第二课堂是课堂教学的延伸和补充，其对学生的学习与成长具有潜移默化的促进作用。组织第二课堂的能力，即教师对于课堂之外教育教学的把控能力。在进行第二课堂的组织策划时，教师要充分了解学生的身心特点与兴趣爱好等，尽可能将第二课堂以学生喜爱且有利于学生学习与成长的形式展开。例如，英语教师可以以课外活动的形式开展第二课堂，英语歌唱比赛、英语演讲比赛、英语书法等都能够让学生产生浓厚的兴趣，教师还可以用玩偶、作业本等奖励措施充分激发学生参与活动的欲望，让学生在参与活动的过程中学习到更多知识。同时，也培养了学生的自信心、自学能力与英语的实践能力，第二课堂对学生所产生的教育影响是单靠课堂教学所无法企及的。

五、英语学科研究

英语学科研究是指英语教师对英语学科的不断钻研探究。信息技术、多媒体技术的快速发展为学生英语学习及教师英语教学创造了极为便利的环境，信息传播快，学生学习渠道广，信息接受量大，英语知识面快速拓展，学生的快速进步促使英语教师不能一味只教不研。为在教学中不断适应学生学习提升的要求，力求为学生提供更广阔的视野，帮助学生持续进步，英语教师必须不断学习和研究，充实自我，充分利用优越的学习环境和先进学习工具，储备更丰富的理论知识和行之有效的教学经验，总结提升，使英语教学工作充满灵气，充满智慧，从而达到理想的高度。

（一）科学研究

科学研究是自我完善和持续改进的最重要手段。这也要求英语教师在日常中养成学习与思考的习惯，通过阅读书籍、思考知识内容、观察当下形势来了解国外教学改革信息，以丰富自身专业水平。同时还可以采取与国内外同行交流探讨的方法，了解英语教学发展变化、最新趋势等，从他人教学中汲取优秀经验，以此不断完善自身，从而逐步开阔自身视野，提升教育教学水平，逐步将教学经验提升到理论水平并加以推广。

（二）反思研究

反思研究也是教师提升自我的一个有效手段。随着当下英语基础教育改革的不断推进，对英语教师的要求也不断提高，因此，作为一名紧跟时代潮流的英语教师，不仅要能够传授知识，还要时常对自身教学进行反思研究。这也要求教师不仅能够在课前对课程标准进行熟练把握，并在此基础之上认真进行备课，还要能够在教学活动结束之后结合具体实践经验进行教学反思，不断思考教学过程中存在的不足，包括教学目标的制定、教学方法的使用、活动设计的合理性和科学性等。这样，教师才能够使自己在反思中对教学活动的认知由感性层面上升到理性层面，才能够客观、科学地审视自己，以此找出自己的长处与不足，做到全方位提升自我，超越自我，不断成长。

教学反思形式多样，在日常教学中，教师常采用写反思日记和课堂观察两种方法。写反思日记就是以日记的方式记录下自己一天当中的工作内容与反馈，可以适当增加自己教学的感受与心得，这样能够让反思日记充分展现出最真实的教学经验，这也是课后总结和课后备课的一个环节，便于教师进一步修改和完善教案。例如，反思日记中可以记录自己的课堂教学是否有效，是否取得预期效果，是否有值得学习的经验等。课堂观察即教师通过听公开课，分析公开课的优缺点，反思自己的教学行为，听课的目的不是评估被听者教学水平的优劣，而是从各个维度观察课堂，汲取他人优秀的教学经验来对自己的教学进行填充，以此丰富自己的教学内容、提高自己的教学水平。

第二节　提升英语教师学科素养的重要性

对于一名教育工作者来说，课堂教学的开展不仅仅是为了完成相应的教学任务，更是要让学生、教师、教材三者相互联系、相互作用，共同发挥自身价值的过程。这不仅是一种知识传递的手段，更是一种艺术形式。这就要求教师能够从教学实践中获得自身文化素养与专业水平的提升，以此不断提高自身的教学魅力。这也是提高教学质量，让学生在学习中受到教师潜移默化影响的重要保证。在英语学科教学中，教师的学科素养与个人修养是促进学生感受英语内在文化魅力的主观条件，提高教师的学科素养是新课程改革的必然要求，同时，也是每一位英语学科教育工作者的重要教育使命。

一、确保教育教学质量的主观条件

确保教育教学质量的关键在于学校教育活动及教学管理。其中，学校教育活动是提升教育教学质量的基础，教学管理是确保教育教学质量的前提，二者共同推动教育教学质量的发展。

学校教育活动主要由三个要素组成：教师、教育媒介和学生。教师是活动的引导者，对学生的学习起主导作用，其自身的学科素养与专业水平直接决定着教学的效果与质量。此外，学生对学习的印象与兴趣的提升也依靠教师的引导来实现，这也要求教师具备相应的组织能力，能够运用多种教学手段来激发学生对于学习的兴趣，使学生的学习效果得到有效的提升。可见提升教师学科素养具有重要意义。

教学管理是教师对于学生的管理，其中包括对学生学习、生活、交际及学生之间关系的管理，较高的教学管理能力能够帮助教师充分把控学生之间、班集体之间的协作能力，使整个班级具有更高的向心力。这要求教师既要保证学生能够努力学习，又要协调学生之间的关系，使学生之间分工明确，以此促进学生之间的团结协作、共同发展。这强调教师在教学中不仅能担任着教育教学的重要任务，还扮演着协调者的角色，推动学生与学生之间的和睦共处、合作发展，具备一定的领导与影响能力。教师的这种能力是一个小组、一个班级学生向心力与凝聚力高低的决定性因素。一个班级具有足够的凝聚力，代表着班级具有较强的集体观念，这也是班级管理活动与教学活动能高效开展的重要条件。

二、新课程改革的必然要求

在新课程改革不断深入的今天，如何提高教学质量也逐渐成为越来越多教师关注的问题。随着对这一问题的不断探索与深入研究，发现教师自身专业素养的提升、教师队伍的强化是有效提高教学质量的重要途径。在新课程改革中不同于原有的知识灌输式教学，其更强调学科教学中对学生学科素养的培养，这也在一定程度上对教师的学科素养做出要求。只有教师本身具有过硬的学科素养，才能在教学中对学生加以引导和影响，在潜移默化中培养学生良好的学科素养。除此之外，教师学科素养的提高也是教师能够提升教学影响力、调整课程结构的重要手段，也是全面深化教育改革的必经之路。

在大学英语学科课程教学的演变当中，基础阶段的教学课时内容正在逐渐减少，而提高阶段的教学课时内容却在不断增多，这是大学英语课程逐渐由单一朝着多元化发展的重要表现。出现这种变化的宏观原因是经济发展对教育的影响，但这也受到教育系统内部包括教育体制的发展变化、学科的发展、课程目标与课程结构的变化等因素的影响。因此，作为一名合格的教育工作者，英语教师需要能够根据教育体系的发展变化不断深入学习，在学习与研究中有效使用教材、制定贴合教育需要、时代背景与社会需求的教学目标，以此为基础展开教学，这也是深化课程改革的必要条件。

值得一提的是，教学目标的确立应始终以学生的发展为基本出发点，英语学科教学也是如此。这就要求教师以学生能力的培养为教学目标来进行课程层次的划分，在教学当中以学生的体验为主，倡导让学生在实践、交流中学习，将重点放在教授学生对英语的"使用"上，让学生能够灵活运用所学的知识。此外，英语教师还应善于利用"评价""奖惩"等措施来激发学生的学习兴趣，善于开发多样化的课程资源并灵活地运用到教学实践中去，善于组织、鼓励学生积极参与到对学习有利的课外活动当中。这些要求的具体实践，需要教师在长期不断的摸索中寻找合适的方式方法，逐渐形成教师自己的教学风格，这对教师来说也是一种挑战与考验。

教育改革中也要求教师由以往的教育者角色转变为引导者、促进者，教师的任务不再是将知识简单地传授给学生，而是通过对学生的不断引导，让学生自己探寻知识、掌握知识，在学生遇到问题时对其提供相应的帮助。这也使英语课程的内容和结构发生了较大的变化。教学内容在一定程度上变得更加丰富化，提升英语教师学科素养有利于英语教师合理实施新课程，不断更新专业知识和能力结构，掌握课程开发的知识技能，满足教育的需求。

三、专业化发展的重要基石

在教育改革不断推进的过程中，教师的工作也在发生着翻天覆地的变化，教师对教学任务不再是简单的知识传授，而是对学生进行全方位的教育影响，这也表明教师教学工作的内容、方式等需要相应地做出改变，使其适应社会发展需要、适应改革要求。在此基础之上，教师提升自身学科素养、探寻提升教学质量的新方法，这不仅是教师专业发展之路，更是我国教育改革的必然趋势。学科素养是教师专业素质的主要组成部分。教师只有具备本学科的基本专业素质，才能成为真正意义上的专业教师。在教师专业发展的过程中，教师学科素养的发展是重要基石。

当今世界，经济、科学、技术等影响人类生活各个领域，也使教育面临各种问题和挑战。教师只有追求专业化发展，才能在充满挑战的环境中生存。英语教师专业化发展包括英语学科知识的不断丰富和提高，个人在教学领域的不断深化和更新，探索学科教法，以及掌握满足时代需求的教育知识。

英语教师专业发展也应顺应学生发展的需求，具体体现在以下方面。

（一）学生核心素养的需求

在新课程改革中，"国际理解"成为学科教学培养学生核心素养的内容之一，这也要求教师本身具有足够的学科素养，并对学生施加有效的教育影响，以此来增加学科教学对学生素养层面的教育。

（二）不断更新知识，顺应学生对提升语言能力的要求

在新课程改革中，学生的语言能力是学科素养的首要发展对象，这也就要求教师自身具有充足的语言能力来引导学生逐步掌握扎实、系统的语言知识，提升学生的语言应用能力。此外教师在教学中应在专业上下足功夫，这样才能促进学生听、说、读、写全面发展，满足学生的发展需求。

（三）创新教学方法，顺应学生对有效获取知识的需求

在新课程改革当中还强调让学生在学习中掌握方法，以此提高学生的综合素质与能力水平。因此，在英语学科教学中不仅要让学生学习足够的基础知识，还要让学生在此基础之上掌握英语语言学习的技巧，激发学生学习的兴趣，提升学生学习的主动性与积极性。因此，教师要在不断地探索与实践当中对教学模式进行不断创新，以此满足学生学习需求与精神需求。在此基础之上，让学生在积极主动的学习中掌握如何发现知识、总结知识、掌握知识、内化知识。

四、英语学科的育人使命

在九年义务教育中，英语学科与语文、数学学科一同占据教学主要部分，甚至在高中、大学教学中，英语学科教学也没有被中断，这意味着英语对学生成长发展具有重要作用。其连续性与长期影响性意味着英语学科肩负着育人的重要使命。在进行英语学科教学时，"育人"使命要求教师充分尊重学生发展的差异性，能够根据学生发展的不同特点来确定相应的教学模式，不应扼杀学生与生俱来的天性，抑制其个性发展，让学生在学习中得到能力提升，这也是英语学科教学的终极目标和核心价值的体现。

此外，英语学科"育人"使命并不代表放任学生自由发展。缺少教师的引导、教育教学的影响，学生的发展往往难以达到社会所需求的高质量、高水平，这就要求教师培养自身先进的教学理念，提升自身的学科素养，以此保证教师队伍的高质量，从而对学生的学习、成长、发展等多方面施加正面影响。只有这样才能保证英语学科的教学质量，这也是英语学科实现"育人"使命的前提。

五、教师学科素养决定课堂教学组织的水平

英语教师的素养不仅指语言知识和语言技能，还指调动心理社会资源（包括技能和态度）以满足课堂教学需要的能力。教师对教学过程的有效调控是英语学科素养培养的保障。相同的学习材料由不同的教师设计会出现不同的设计效果。影响有效教学组织的因素不是教学设计，而是教学设计以外的其他因素，包括环境、组织方式、教师的执行力和对课堂节奏的把握。

教师学科素养包含教师对教学文本的解读和教学策略的运用，对文本解读需要教师具备：资源意识，即善于利用教材和教学资源；体裁意识，即做好课型定位，基于已有课堂模式进行课堂创新；课程意识，即做好对教材内容的梳理，明确教材前后关系，设计单元教学；目标意识，即对照教学目标开始教学。基于文本解读的教学设计能力和课堂教学实施能力是体现教师学科素养的关键。课堂教学不仅仅是教师根据教育教学的一般规律传授知识，而是在复杂的课堂环境中能够进行交互式咨询和决策的过程。不同教学年限和经验往往决定教师在课堂管理和课堂话语中选择的策略不同。

学科素养指导下教师有效组织教学具体体现在以下几方面。

（一）有效的课堂导入

导入环节是教学活动的开始环节，也是教学给学生带来的初始印象，这一环节的好坏会直接影响学生对整堂课的第一印象，从而影响下面教学的展

开。因此，要求教师能够重视对导入环节的设计，激发出学生学习的兴趣，以此营造积极的课堂氛围。

在进行设计时，教师应着重导入环节的引导性能，明确本堂课的教学目标并进行合适的情境构建，从而将学生的注意力吸引到教学目标上去，实现"导入"功能。有效的导入环节能够帮助学生构建其对学习内容的总体预期，激发学生对学习的兴趣与动力，让学生做好准备。这也要求教师在设计导入环节时充分把握学生的心理特点，将学生所关注、感兴趣的内容融入教学设计，选择新颖、贴合教学内容及适合学生发展的导入方法，以此满足学生学习的兴趣需求与注意特点，使导入环节充分发挥作用，为接下来的教学奠定良好的基础。

（二）课前心理预备

相关学者的实践与研究表明，学生学习在很大程度上受到自身心理因素影响。这也体现了学生学习兴趣的重要性，当学生对学习产生枯燥乏味印象时，其通常难以从学习中真正汲取经验，导致学习效率降低。因此，教师需要正确引导学生在课前的心理预备，让学生在学习开始之前对所要的学习内容有足够的心理预知，并以多种方式引导学生对内容产生足够的兴趣与学习的欲望，这样才能让学生在整个学习过程中有足够的动力进行知识的汲取，提高课堂学习的效率。

（三）有效的课堂组织

教师对课堂的有效组织是一堂课能够顺利开展的重要保障。在进行课堂组织时，教师需要以具体的教学情境为依据，运用多种手段进行教学全过程的组织策划，保证教学设计的有效实施。这种课堂组织能力直接影响着教学效果，科学有效的课堂组织能够帮助教师推进教学计划的落实，提升教学效率。

（1）有效的知识呈现。教学过程中经常会对新知识开展教学，对于新的知识，学生往往会感到陌生，从而难以将其融入自身知识体系。这就要求教师能够将新的知识以有效的形式呈现在学生面前，使其更容易被学生所接受。例如，教师可以通过利用旧知识引出新知识的方式帮助学生将其与自身已有知识体系相联系，使新知识的呈现更加贴合学生学习特点，有效促进学生对知识的掌握。此外，教师还可以通过从简单到复杂、从表层到深层、从直观到抽象等方式来保证新知识呈现的有效性。

（2）有效的语言练习。语言学习过程中，练习的作用是其他学习策略所无法替代的，有效练习是获得语言能力和技能的必要条件。练习的效果不仅受到教师课堂设计的影响，还受到课堂教学活动的影响。因此，为了保证语言练习活动的有效开展，教师需要不断提升自己的学科素养与专业水平，设计出高效的活动形式，以此保证语言练习的高效性。

教师应知晓学生参与的重要性，要充分考虑练习活动的参与度，对于课堂活动做到指令明确。与此同时，教师应设计丰富的活动形式，采取不同的分组方式，如，全班、半班、前后排、两人一组等，力求做到让每位学生获得练习的机会。活动过程中，教师要注重把学生主体放在第一位，要能够把握好学生的学习情况，根据课堂反馈及时调整活动的内容以及结构，使其更加贴合学生的学习水平，这样才能更好地保证活动的适用性，有效增强学生参与活动的积极性。

有的教师为保证学生全员参与练习，选择在语音教室进行教学。例如，首先，教师呈现新句型并进行讲解，通过练习帮助学生理解并加以运用，然后利用相关教具让学生对新知识进行练习，帮助学生进一步理解知识。其次，留给学生自由练习时间，使其与电脑人机进行对话练习，让学生在实践中巩固知识，并对学生的语音语调等发音进行矫正。电脑上会显示对话视频，对背景信息和难懂的句式也有解释，学生可以通过自学理解对话的意义。最后，教师通过让部分学生朗读对话的形式检测学习效果。这种学习方式不但保证全体学生有效参与，还能够提高学生自学能力和课堂效率。

学科素养对教师组织教学的要求和能力有所提高，促使教师不断提高其课堂管理组织能力，不仅仅再为完成教学任务和教案设计而执行教学，而是根据课堂实际情况，充分考虑学生思维活跃度和参与状态，为确保教学效果适时对教学活动进行调适。例如，一节阅读课堂，教师原本的教学计划是完成两篇典型文章的阅读，让学生学习其中的阅读策略，但由于时间比较紧张而且文章难度较大，学生未能按预计时间完成任务，此时，教师应及时调整教学安排，选择在课上阅读一篇文章并临时加入对本篇文章的课堂讨论环节，而将另一篇文章作为家庭作业。表面看来这位教师似乎未完成教学任务，但实际上通过课堂活动的调整，学生能够从课堂讨论中获得有效信息，同时，还练习了阅读策略，这不仅保证了练习的效度，还保证了教学效果。因此，教师适时调整教学活动，能够保证教学效果，使教学目标得到落实。在教学过程中，给学生留有充足的时间进行思考与练习，能够让学生从实践中熟练掌握知识，并在思考中提升自身运用知识的能力。

（3）课堂交际的时效性。在学科素养理念的指导下，教师也逐渐发现让学生在实践中学习的重要性，于是，在教学中逐步强调对学生知识运用能力的培养，教师有意识增加课堂的开放性和实际性，在教学实践中引导、帮助学生能够准确地识别、传递与反馈信息，增强学生运用语言的能力。此外，教师还可以在教学活动中适时渗透交际策略，如，借助表情交往、肢体语、列举同义词或反义词等替换表达，培养学生用英语交流的习惯，提高学生用英语交流的信心，让学生在愉悦的氛围下进行师生对话、生生对话等活动，从而达到良好的课堂教学效果。

（4）知识应用的时效性。知识应用的时效性是指教学活动的真实性和应用语言的交往性。教学活动的真实性，即教师在组织课堂活动时为学生创设接近真实生活的语言运用情境，保证应用活动的真实性，让学生完成语言任务的理由。例如，一节课的写作任务是完成一篇人物介绍的作文，课堂开始前，教师可通过自由讨论的方式，询问学生最喜欢的教师，引导其说出喜欢该教师的原因并简单介绍该教师，然后出示一些该教师感人故事的图片引起学生共鸣，接下来再安排学生写出自己喜欢的教师，写理由，谈感受，限制其字数。这样才能使教学设计更加贴合学生的日常生活，能够有效帮助学生将所学知识灵活地运用到实际中去。由于学生对教师的熟悉，使学生愿意尝试用语言询问他人对教师的看法性，产生交际的必要性。写作前的讨论和视频，能够启发学生开展对话练习，把每位教师特点说得生动具体，为后续写作做好语言和内容上的准备。

应用语言进行交往是指无论口头还是书面表达，都应该根据具体情境进行正确得体的表达。教师在教学实践中也应引导学生在语言不出现错误的基础上，结合具体的语言环境与社会背景灵活地使用语言，最终达到有效交流的目的。

第三节　英语教师学科素养现状与问题

英语教育受到全球化发展的冲击，正处在一个变革与升级的时期，英语教师的成长以及学科素养的提高依旧是个需要解决的问题。正确地面对当前英语教学的现状和问题，是提高英语师资队伍学科素养的重要途径。

一、学科态度

英语教师对待英语学科的态度，是其做好英语教育工作的基本条件。爱好是最好的老师，不管是对学生还是对教师来说都是一样。英语教师若没有一颗真心爱英语的心，自己在教育事业上是难以取得进步、发展和突破的。

英语是一个非常开放的领域，它具有人文性、应用性的特点，英语的学习看似是一种语言，实际上它所蕴含的社会生活、政治经济、教育科技等各领域的知识，这就要求教师不断拓宽自己的知识面，以适应学生越来越多的求知需求。在教育改革过程中，教师要端正自己的教学态度，不断提高自己的英语水平，提高对外界事物的认识，使自己能够更好地开展课堂教学，提高教学效率。

二、学科知识

（一）英语教学理论有待加强

我国英语师资队伍总体上已达到了较高水平，学历水平也达到了一定程度，但是很多教师没有经过正式的英语培训。在教学实践中，师范专业的学生在语言教学、教学研究等方面都没有足够的理论基础。部分教师在语言和教育方式上缺乏系统性的训练。部分英语教师对新的课程内容缺乏深入的了解，对教材的本质无法参透。

（二）英语学科文化素养需进一步提高

近几年，以大学为主体举办的各种文艺讲座、座谈会越来越多，而以中西文学为载体的学术交流也越来越多，这为中西文化交流与思想交流提供了机会。然而，我国英语师资的文化素质还不够理想。尽管各个阶段英语教师的教育水平都有了较大的提高，许多英语教师已经掌握了一定的语言知识，掌握了一定的语言技能，掌握了一定的外语教学原理，但是教师对于英语国家的社会和文化知识仍需扩充，以及在不同的文化背景下使用英语进行交际的水平还需要进一步提高。英语教师应当把握学习进步的机会，积极参加中西方文化学术交流会，从而提升自己的英语学科文化素养。

三、学科技能

（一）教学技能亟待提高

英语教师在英语教学过程中的教学技能上有待进一步提升，英语教师中有部分教师语音、词汇、语法等方面存在不足。另外，教学过程中理论、字词部分占据课堂的大部分时间，实践教学方面开展较少。

（二）信息素养有待提高

英语课程的特性使英语课堂具有鲜明的开放性，而现代科技的发展丰富了英语教学的教学手段。英语教学应该积极运用现代化的教学设备，以提高教学效率。由于个别老教师对电脑的使用不熟练，出现教学器材闲置的情况。

（三）评价素养有待提高

多数英语教师都认同评估的重要性。然而，许多非师范院校毕业的英语教师在语言测验和评价等领域没有进行深造，也没有参与过英语教学评价相关的课题，因而部分教师对评价的类型、作用、评价方法等不太熟悉，对不同评价的利弊也不太清楚，因此，需要加强对教学评价手段的学习。

一些教师可以根据英语课的特点、如、口语、阅读、听说等，制定出相应的评估模式，并根据英语课程的特点，力求达到教学目的。然而，能够为课堂教学制定一整套特定的评估计划的教师却寥寥无几。需要进一步培养教师的评价能力，以提升教学效率。

四、学科研究

（一）专业自主发展意识欠缺

进入 21 世纪，人们迅速更新了知识，发展思想成为主流。这需要教师在新形势下加强自身职业发展的认识。在新课改中，教师要从单纯的"教书"角色转变为"课堂"引导者，要重视"课堂"的开发。为了提高课堂教学效果，英语教师应在参与度、热情度、专业度等多个维度上重视自身发展。

教师职业发展的最基本的驱动力是来自于教师本身，依靠外部因素获取的驱动力并不能持久，只能实现短期的期望。从发展的角度来说，教师是成年人，而成年人的成长是依靠自身的力量和自身的动力。当教师拥有了一种强烈的自主意识后，他就会主动地去做提高自己，获取职业上的成就感。

（二）科研意识和科研能力薄弱

对教师来说，教育科学研究既可以帮助他们在教学中解决遇到的问题，也可以在探索中提升自己的知识和能力，从而使自己的教育能力得到发展。教育科学研究可以使教师与世界上先进的教育观念保持同步，并使其在教学中发挥出应有的作用。

而实际的状况是，由于对升学率的评估，许多教师将更多的时间用来提高学生的学业成就，而对科学研究的重视不够。部分教师缺少长远的发展方向，以及知识领域的广度。

第四节 培养英语教师学科素养的策略

随着新课程改革的深入，英语教学的标准越来越高，英语教师需要不断提高自身的专业素质，以满足新时期英语教育发展的要求。所以，开展科学、高效的培训战略的研发与应用非常关键。

一、学科态度培养策略

（一）培养自身对学科的兴趣和教学热情

英语教师要真正地爱上英语，才能最大限度地激发学习积极性。在英语课程的发展过程中，英语教师应在工作中不断强化自己的专业能力，从听、说、读入手，全方面提高自己的学科素养。同时，教师还应提高自己的教学热情，从而增加提高自身的内驱力，使自己的专业水平进一步提升。

（二）建立良好职业道德转变教学观念

英语教师要树立一种高尚的品德，要能真正认识到教学的价值，并在教学中培养对教学的感情。教师在教授学生英语知识的同时，帮助学生提高英语的表达水平，还要热爱、理解、尊重学生，对学生进行正面的引导和激励，帮助学生在学习英语的道路上奋力前行。英语教学应转变传统英语教学仅注重培养学生的语言表达的观念，与时俱进，培养终身学习的时代观念，按照新课程改革的需要，更新教学观念，将现代教育观念转变成自己的有效的教学行为，正确对待新时代的学生。强调"以人为本"，鼓励同学们敢于表达自己的观点，培养他们的协作与聆听能力，培养他们英语学习的好习惯。在教学实践中，应根据教学大纲的要求，灵活运用教科书，掌握教学目的，将教材的通用性与自身教学实践相联系，以适应学生的需要。

（三）由"教书"转变为"育人"

在学习的过程中，学生的各种失误是不可避免的。学生的潜能很大，教师要从他们的身体中发掘他们的优点，根据他们的特点，为他们提供一个很好的学习环境。教师与其教学相辅相成，教师与学生要幸福与融洽相处。因此，英语教师应在教学中不断强化自身的能力，不断提升自己的地位。在对核心素质进行引导下，深刻理解和把握"教育"基本任务与需求，使其思维与心境更加宽广，不能仅限于追逐一己私利与名声，将"应试"作为教学目标，更要着眼于学生的基本兴趣和为国家培养人才的全局考虑，由"教书"转变为"育人"，从而真正引导和提高教育质量。

二、学科追求培养策略

（一）勤实践、善总结，不断学习

英语教师必须具有较强的学科意识和持续的求知动力，这是英语教师提升自身能力的根本方法。同时，也是做好教学工作的一个重要先决条件，只有在持续的进修中才能使自己的专业理论和技能得到提高。英语教师要重视教学工作，把工作和学习有机地结合起来，整合自身的知识和经历，积极总结、研究和解决英语课堂上遇到的问题，并在一次次的练习和总结中得到提高。

（二）积极撰写教育叙事和教研论文

教育叙事是记录与教育有关的事件。教师在日常的教学与生活中，都会遇到让他们印象深刻的教育故事，教师可以将这些故事记录下来，从中领悟教育的真谛。在教学中，要注意观察、注意归纳，以教育叙事或个案形式将亲身体验的教育故事进行纪录，这种累积，有利于教师的专业素质和思考能力的持续提升。

教师在教研论文写作时，对教学研究要热心，对教学实践要留心，对文稿设计要精心。另外，教师撰写教研论文要力求新意，这样才能促进英语教师的学科素养的提升。

三、学科知识培养策略

（一）自学与学历进修相结合

教师的自我学习是教师持续发展的重要手段。教师通过学习新知识、了解新信息、学习先进教学思想、了解教学动态来提高自己的专业水平和教学水平。通过学习，教师可以深入学习英语的专门知识，从而提升自己的外语运用水平。而在教学方法方面，英语教师可以利用计算机和远程教育技术进行听力和口语的培养，还可以通过阅读各类教育理论来提升自己的教学能力。

在学习的内容方面，英语教师应该从语言学、语言心理学、语言教学等方面进行系统性的学习，掌握语言学习的心路历程和学习的发展规律。同时教师要不断深入地研究和学习教育的方法，掌握多种教育理念的特征和方式，使之与实际相结合，提高教育的综合素质，从而达到提高教育质量的目的。在此基础上，教师要大胆创新，积极摸索出符合学生实际情况的教育方式。

（二）加强集体备课互助合作教学

在知识结构、智力水平、思维方式上的差异，不同教师具有不同的特点，但教师之间的差异能让教师互相学习。因此，在集体备课、教学科研、辅导学生等方面，教师应积极沟通，分享教学经验。

（三）提升英语教师的文化素养

培养英语教师的人文素质，以此来提升学生的素质，增强学生的教育文化素质。英语教师要通过多种途径获得不同的文化知识，转变英、汉语的思考方式，从而提升英语的职业素养和教学的理论能力；教师要加强对课本的研究，提高对课本的运用，转变传统的授课方式，提高学生的灵活性；教师要及时掌握英语的全面发展。

（1）围绕课标主题储备文化知识。英语教学的教学内容选材与其"文化基础"中所蕴含的人文内涵和科学知识相吻合。教师可根据教材的主题拓展文化背景知识，为教学过程积极进行储备。

（2）拓宽视野，跳出课程教材。文化是在不断地发展的。因此，教师要不断学习，拓宽视野，提高文化素养，不局限于教材，要坚持以丰富的文化知识为基础，加强对教材内容的扩充和更新。

（3）发挥集体力量。同时，还可以利用教研组和备课组的集体资源，对文化知识进行搜集和整合，并进行专业协作，共同发展。例如，有些教师专门针对中西方不同的思维模式进行研究；有些教师对文法中的文化内涵进行了深入的探讨；有些教师会将中西方不同的生活习惯进行梳理，如此分工协作，分门别类地研究，既可以提升工作的整体效能，又可以保证各个方面的研究更加深入、专业，教师通过相互交流学习，全面提高教师的文化素养。

（四）提升英语教师的文学素养

（1）采取任务型松散式的网络课程教学。随着互联网时代的到来，人们对英语学习有了更大的兴趣。但是，网上教学的前提是要有一种高品质的网上教学录像带。网上文艺教学中的录像素材的创作与上传，在当前的教学中还没有取得很好的效果。这一点，学校可以参考国外著名高校的网上公开课，请具有一定学术水平的英语教师，以文艺讲座的方式进行专题讲授，并进行录制，供教师研究学习。还可以请专家为英语教师列出一份英语经典作品列表，既可以在教学的层次上进行指导，又可以让教师按照自己的水平、时间和兴趣来安排自己的学习进程，具有很大的自由空间。与此同时，英语教学中要掌握好教学的总体进程，采用"作业"教学模式，按时提交图书评论，并督促教师按时完成教学。

（2）多样化定期阶段研讨和考核。组织阅读社团，选择英语经典著作让教师一起诵读，欣赏英美影视作品，以有规律的、分阶段的形式，对英文经典著作的阅读和讨论，提出自己的观点，并加以讨论。英语教师应开展各种形式的教学活动，如，文艺研究等，并开展学习测试，检验学习成果。

四、学科技能培养策略

（一）提高课程资源开发能力

英语学习既需要教材，也需要设备。英语教材包含了对英语和英语教学有益的内容，如，教材、课外读物、音像资料、报纸杂志、广播电视节目等。此外，还应具备让英语教学和学习顺利开展的各种客观环境和设备，如，教室、桌椅、音像设备、计算机、网络、图书馆等。

英语教育不但需要大量地接触真实的、地道的英语，同时也需要有一定的环境来运用英语。但是，由于不同的学习需要的学习风格和学习策略不同，单一的学习资源和学习途径无法适应不同学习的需要。

因此，英语课堂教学要充分地运用其他的课堂资源，尤其是广播影视节目、录音录像、直观教具及有形的实体，还有多媒体光盘资料、各类网络资源、报纸杂志等教师可以创造性地将各种资源进行综合利用，从而构成具有自身特点的教学资源。

（二）提升英语教师的信息素养

英语教师要主动培养利用因特网的思想，充分发挥校内为教师提供的协作与沟通的平台，如，教研组、QQ、微信等，通过网上的互动进行教学和学习。在教学上，可以采取正规和非正式两种形式。在正规的环境下，可以提出学习的目标和要求并让学生，在非正式的环境下进行学习和沟通，如，在校园网、校园 App 等平台上提供一些经典的案例让同学们进行探讨。

因特网是数据的大宝藏，既有全面性和实时性的优势，又有零散性和不系统的缺陷。因此，在面对大量的资讯的时候，要加强教师甄别资讯和提升网络的使用能力，充分发挥搜索引擎的优势，使课堂教学得到高效的组织和管理。

学校要结合自己的情况，为学生的教育提供网络环境，为教师创造多种学习和学习的机会，还应重视对教师的信息素质培养，以提高其运用互联网技术开展教学工作的能力。

（三）提高教师评价素养

（1）树立教师评估意识，培养正确评估理念。每位教师对评估含义的认识各不相同，评估的敏感度和觉察度也各不相同，评估的知识与技巧也不尽相同。英语教师要正确看待评估的目标与作用，并把评估视为教育活动中的一个关键环节。教师应认识到，评估作为一种贯穿于整个学习进程中的重要手段，其作用在于帮助教师正确地认识到学生在课堂上所遇到的问题，而进行合适的评估有助于提高课堂教学质量。另外，在评估时，教师要有一种评估观念，要做到对学生的尊敬和公平。评估的语言和方法、评估时的表情、眼神等都要充分地表达出对同学的信心和激励，并且不要对他们造成任何的伤害。

（2）多渠道学习评估知识。教师要充分认识到评估知识在教学中的作用，并通过网络平台、教学科研和听课等多种形式增进的评估知识；通过专题的培训等方式来提高自身的评估能力，使自己能够有系统地进行评估。另外，许多高校注重教育活动的训练和科学研究，而忽视了评估的培养和研究，但其实，评估是教育的一个重要环节。为此，建议各高校及时转变观念，主动给教师提供提高评估能力的培训活动，如，请专业人士进行讲授、教学科研等。

（3）加强教学实践，提高评价能力。教师评估能力的提升是一个长期、逐步内化与积累的进程，教师要做到在平时的教学中进行探索、思考、归纳。通过下列方式，可以提高教师的评估能力。

①明确本课程的教学目的。教师要实现教学目标，必须有一个清晰的教学目的。英语教学必须熟练掌握英语教学的教学规范，对教学内容、难点进行细致的分析，并按照教学大纲的要求，对教学内容进行科学、明确的设计，并按照教学目的设置评估内容。

②进行评估计划的编制。评估目标和方法多种多样，教师应了解各种评估方法的利弊，并根据不同的教学内容设计适合的、有效的、可行的评估计划。在教学过程中，要敢于对评估的途径、方法进行评估、选用，并肯花费大量的精力去钻研，而不是把评估当作一种消遣。要使评估工作在教学中始终存在，并渗透到每一天的教学中去。采用多种评估手段，从不同的视角对学生进行评估，并对评估方式进行适当的调整。

③指导同学们进行自我评估与他人评估。在传统的课堂上，教师的大部分时间和注意力都集中在授课上，很难给有进行评估的机会。但新的教育思想提倡以人为本，在评估中应该遵循评估主体的多样性，并以此为依据，以激励学生主动参加评估。教师通过对学生的评估，使他们了解自己与同学之间的差距，从而激发学生的学习热情。在学生之间进行评估时，要对这一过程进行适当的监督和引导，以增强学生的参与程度，促进师生相互借鉴，确保教学质量。

④评估资料的回馈。评估的反馈是一个非常关键的环节。要重视反馈的四大要素：反馈时间、反馈形式、反馈数量和反馈对象。

在教学中，教师不仅要及时地回馈，而且要在有特别的场合才能进行回馈，要做到适时的、滞后的回馈。在改善学生的学习过程中，教师可灵活地安排反馈的形式。教师经常会采用口头和书写的方式来进行回馈，比如，在课堂上的口头点评，作业中的书写。教师在对学生进行评估的过程中，要依据自己的实际情况来确定反馈的数量，以确保反馈的内容得到有效的使用。反馈的目标有两种，一种是个人的，一种是团体的。在实践中，为了激发同学们的学习热情，提高他们的团队协作精神，教师常常组织集体或集体研讨，因此，教师对小组的评估，不仅仅是对小组的个人评估，还应该是对小组成员的评估，如，完成了什么任务，团队成员之间的配合，团队成员的功劳等。

五、学科研究

（一）把握教研信息，参与教研培训活动

教师要自觉主动地参加各类教学活动。各级教育机关、学校要为广大师生提供进修学习的机会，使他们的素质和能力得到进一步的提升。同时，教师也应该自觉参加各种形式的教学研讨，如，教研沙龙、教案研讨等，使教研工作更加活跃。教师应积极参与教研机构举办的教研活动、教学竞赛活动，到各种科研活动中去观摩、比较，从中汲取别人成功的经验并吸取失败的教训，从而推动自身的持续发展。

（二）及时反思，促进学科素养提升和自我成长

多一次思考，就多一分进步，反省是提高教师专业素质的唯一途径。教师的教学监督是影响教师质量的关键因素。在英语教学中，英语教师要注重在教学过程中进行反省，提高教学质量，提高教学效率，将课堂的实践进行系统化的思考。

此外，英语课堂还应该重视行为学的学习，这样才能促使教师在英语课堂上进行反思。在英语教学中，教师要关注热点问题、突出问题或普遍性和代表性问题，通过对自身的教育活动和教学活动的反思与总结，课堂教学获得更好的发展。

笔者认为，英语师资素质的培育是促进我国教育体制改革的重要措施，是实现师生双方和谐发展的重要保障。提高英语师资的专业素质、提高英语教师的综合素质、提高英语师资的核心竞争优势为英语课堂建设、培养国际一流的人才奠定了坚实的基础。

参考文献

[1] 严先元.学科教学如何培育学生的核心素养 [M].长春：东北师范大学出版社，2017.

[2] 张业春，陈佳欣，李海燕.英语课程理论及其教学实践探索 [M].北京：九州出版社，2018.

[3] 黄建滨.英语教学理论系列英语教学研究 [M].杭州：浙江大学出版社，2018.

[4] 孙致礼.新编英汉翻译教程 [M].上海：上海外语教育出版社，2018.

[5] 王二丽.英语教学论 [M].北京：新华出版社，2018.

[6] 蔡吉，钟淑梅.基于学科素养的英语教学 [M].北京：知识产权出版社，2019.

[7] 李箭，周海明.基于学科核心素养的英语教学课例研究 [M].上海：华东师范大学出版社.2019.

[8] 王继红，邹玉梅，李桂莲.基于翻转课堂理论的英语教学改革与实践 [M].北京：中国原子能出版社，2019.

[9] 葛炳芳等.英语阅读课堂教学 [M].北京：外语教学与研究出版社，2019.

[10] 丁海波，赵智宇，李秀香.和谐 合作 发展 [M].天津:天津科学技术出版社，2019.

[11] 黄远振.英语阅读教学与思维发展 [M].南宁：广西教育出版社，2019.

[12] 王磊.高校英语教学转型发展研究 [M].长春：吉林人民出版社，2019.

[13] 杨雪飞.多元文化视域下的大学英语教学研究 [M].北京：北京理工大学出版社，2019.

[14] 袁东波.学生自主学习指导策略 [M].天津：天津教育出版社，2019.

[15] 王岚，王洋.英语教学与英语思维 [M].长春：吉林人民出版社，2019.

[16] 邵志芳.认知心理学——理论、实验和应用 第 3 版 [M].上海：上海教育出版社，2019.

[17] 杨艳.英语教学创新研究 [M].长春：吉林人民出版社，2019.

[18] 何冰.汪涛.翻转课堂与英语教学 [M].长春：吉林人民出版社，2019.

[19] 陈维亮.师道行远 点亮韶华 [M].长春：吉林人民出版社，2020.

[20] 杜志华.基于核心素养培育的校本课程体系设计与实施研究 [M].长春：吉林人民出版社，2020.

[21] 张晓青.唤醒教育 [M].北京：中国商务出版社，2020.

[22] 毕玲.英语教学设计 ABC[M].北京：北京理工大学出版社，2020.

[23] 李晓玲.大学英语教学方法研究 [M].西安：陕西科学技术出版社，2020.

[24] 孟艳齐.基于 vue.js 的英语核心素养平台的设计与实现 [D].北京：北京邮电大学，2021.

[25] 王伟.写作的力量：以写促学教学法研究 [D].杭州：浙江大学，2021.

[26] 叶伟凡.英语学科核心素养研究述评 [J].海外英语，2021（24）：225—226，228.

[27] 张霞辉，汪奇文，张斐然，等.英语学科核心素养视角下民办高校大学英语教学改革研究 [J].辽宁省交通高等专科学校学报，2021，23（6）：91—94.

[28] 郭爱霞.英语学科核心素养对英语教学的启示探究 [J].大学，2021（45）：53—55.

[29] 王冬燕.学术英语写作在线同伴互评的教学设计与效能研究 [J].教育语言学研究，2021：154—162.

[30] 姚静，刘克东，韩光.本科学术英语写作混合式教学模式实证研究 [J].中国 ESP 研究，2021（4）：41—49，100.

[31] 张露露.学术英语写作教学实践与研究——以四川大学吴玉章学院为例[J].外国语言文学与文化论丛，2021：305—310.

[32] 黄乐平，张永悦.国内英语写作教学现状、问题及展望 [J].江苏外语教学研究，2021（2）：1—4.